Institut of Noetic Sciences und Captured Light Industries

Bleep StudyGuide

Bleep StudyGuide

**Handbuch und Wegweiser
zur Navigation durch
das Mysterium**

herausgegeben von

*Institute of Noetic Sciences
und
Captured Light Industries*

VAK

VAK Verlags GmbH
Kirchzarten bei Freiburg

Titel der amerikanischen Originalausgabe:
What the Bleep Do We (K)now!?™ Study Guide

Bibliografische Information der Deutschen Bibliothek
Die Deutsche Bibliothek verzeichnet diese Publikation in der Deutschen Nationalbibliografie; detaillierte bibliografische Daten sind im Internet über http://dnb.ddb.de abrufbar.

VAK Verlags GmbH
Eschbachstraße 5
79199 Kirchzarten
Deutschland
www.vakverlag.de

Übersetzung: Beatrice Tillmann
Fachliche Beratung: Götz Wittneben
Lektorat: Dr. Dorothea Wenninger
Layout und Umschlag: Thomas Henschke, Blanz Werbung; Karl-Heinz Mundinger, VAK
Satz: Karl-Heinz Mundinger
Druck: F. Pustet GmbH & Co. KG, Regensburg
Printed in Germany
ISBN: 978-3-935767-97-2

Herzlich Willkommen

beim Handbuch zu *„What the Bleep Do We (K)now!?“*,
einem Leitfaden, der Ihnen helfen soll,
sich im Mysterium zurechtzufinden.
Und Glückwunsch zu Ihrer Entscheidung,
das Abenteuer, welches Sie beim Anschauen
des Films begonnen haben, fortzusetzen.

Einige Worte über den Eintritt ins Mysterium ...

Die Fragen, die Sie in dieses Abenteuer hineingezogen haben, sind so tief, wie Fragen überhaupt gehen können. Philosophen, Wissenschaftler und Mystiker haben diese Fragen seit Jahrtausenden gestellt und nach dieser langen Zeit wird das, was wir inzwischen wissen, immer noch von einem riesigen Ausmaß an Unbekanntem in den Schatten gestellt. Was wir aber aus den zahlreichen Untersuchungen gelernt haben, ist die Fähigkeit, präzise Fragen zu stellen und ein größeres Verständnis für die Tiefe dieses Mysteriums aufzubringen. Wir möchten mit diesem Handbuch nicht in erster Linie Ihre Neugierde über unsere Existenz stillen, sondern Sie um die Fähigkeit bereichern, diesen Mysterien mit offenen Augen und großem Herzen zu begegnen, sie zu erforschen und an ihnen teilzuhaben. Kern des Films sind provozierende Fragen nach der Art und Weise, wie wir - bewusst oder unbewusst - in den dynamischen Prozess der Realität eingreifen.

What the Bleep Do We (K)now!? vertritt den Standpunkt, dass es kein festes, statisches Universum gibt, welches nur darauf wartet, von unserem forschenden Geist verstanden zu werden, sondern dass die Realität eine veränderbare Größe ist, die durch unsere eigene Wahrnehmung beeinflusst wird. Gleichzeitig behauptet der Film aber nicht, dass Realität einfach aus der hohlen Hand konstruiert werden kann. Egal, wie unsere Theorie der Realität aussieht, echte Lastwagen können - und sie tun dies - echte Menschen überfahren. Es gibt feststehende Größen, die unsere Realität bestimmen. Dinge, die 'wahrer' sind als andere Dinge.

Daher ist es wichtig, dass wir bei der Erforschung der Mysterien den Unterschied zwischen empirischer Forschung, Intuition, mystischer Vorstellung und Unbekanntem kennen. Es geht dabei nicht darum, einer Form der Erkenntnis den Vorzug vor einer anderen zu geben, sondern zu verstehen, an welchem Punkt wir die Grenze zwischen Wissenschaft, Instinkt, Intuition oder Vorstellungskraft überschreiten.

Viele Ansatzpunkte und Gedankengänge, die in *Bleep* vorgestellt werden, sind von der etablierten Wissenschaft als unwichtig abgetan worden. In einigen Fällen bedeutet es, dass bestimmte Behauptungen nicht für jeden Wissenschaftler zufriedenstellend belegt werden konnten, oder, dass die betreffenden Thesen eine Herausforderung für bisher anerkannte wissenschaftliche Theorien darstellen. Trotzdem schenken wir neuen Thesen möglicherweise Glauben, weil sie uns richtig und vertraut erscheinen. In diesem Handbuch hoffen wir etwas Klarheit darüber zu schaffen, wann diese Thesen eher als Ausdruck einer subjektiven Meinung oder als Metaphern, die unsere Vorstellungskraft entzünden, verstanden werden sollten und nicht als Fakten, auf die man wissenschaftlich fundierte Theorien stützen kann. Während dieser Reise zum Ursprung der Dinge soll der Strenge der wissenschaftlichen Erkenntnis ebenso Rechnung getragen werden wie der vielgestaltigen Kraft der Vorstellung, der mystischen Vision und der existenziellen, allgemeinen Weisheit.

Unser Wunsch ist es, dass Sie diese Reise ins Innere des Mysteriums zu eigener, tieferer Erkenntnis führt und Ihre Vorstellungskraft in ein Reich der Möglichkeiten mitnimmt, das Sie selbst erforschen können. In diesem Reich findet ein Krieger den Konsens mit einem Physiker, Geist und Materie umarmen sich und ein 10-jähriger Basketball-Weiser wirft Bälle, die bis in die Zukunft fliegen.

Willkommen im Mysterium!

„Je heller das Freudenfeuer der Erkenntnis lodert, umso schwärzer breitet sich die Dunkelheit vor unseren verwunderten Augen aus."

Terrence Mc Kenna

„Wichtig ist, nicht mit dem Fragen aufzuhören. Neugierde hat ihre eigene Existenzberechtigung. Man müsste vor Ehrfurcht innehalten, wenn man über die Geheimnisse der Unendlichkeit, des Lebens und der wunderbaren Anordnung dieser Realität nachsinnt. So genügt es bereits, jeden Tag den Versuch zu machen, einen kleinen Teil dieses Wunders zu begreifen. Niemals sollte man diese heilige Neugierde verlieren."

Albert Einstein

Was ist in diesem Handbuch enthalten?

Das Handbuch ist in mehrere Kapitel aufgeteilt, die sowohl einen Überblick über die verschiedenen Themen bieten als auch Literaturhinweise und Links zu diversen Artikeln im Internet. Ebenfalls enthält jedes Kapitel Fragen, um Grundlagen für Diskussionen zu schaffen, Hinweise zu Aktivitäten, die neue Ideen weiter vorantreiben können sowie Zitate, um Sie zu inspirieren.

Einleitung

Zur Verwendung des Handbuchs

Arbeitsgruppen

„Sobald sich Einzelne zusammenfinden, werden sie zu etwas anderem ... Beziehungen verändern uns, decken etwas von uns auf, rufen etwas in uns hervor. Nur wenn wir in Kontakt mit anderen treten, werden unsere Talente sichtbar, auch für uns selbst."

Margaret Wheatley und
Myron Kellner-Rogers

Möglicherweise finden Sie es unterhaltsamer, die Mysterien in Gesellschaft mit anderen mutigen Abenteurern zu erforschen. Sie können mit zusätzlichen Ideen experimentieren, unterschiedliche Perspektiven hören und Unterstützung für Ihre Veränderung erhalten. Dieses Handbuch ist so aufgebaut, dass es auch für Gruppen einfach ist, das Material hinzuzuziehen.

Das Institute of Noetic Sciences (IONS) hat ein Netzwerk verschiedener Kommunikationsgruppen, die aus Mitgliedern des Instituts bestehen. Dies ist eine hervorragende Möglichkeit, sich mit anderen Menschen auszutauschen, die das gleiche Gebiet erforscht haben. Jede Gruppe organisiert sich selbst und besteht aus einem sich selbst verwaltenden Verband von Freiwilligen, der unabhängig vom Institut existiert.

Weitere Informationen zu Themen, Treffpunkten und Terminen können Sie auf unserer Website http://noetic.org/community/groups.cfm finden. Sie sollten ein Mitglied des IONS werden, um an diesen Gruppen teilzunehmen. Gehen Sie dazu einfach auf http://noetic.org/membership/benefits.cfm.

Unabhängig davon, ob Sie einer der Gruppen beitreten oder alleine beginnen – wir empfehlen Ihnen, sich fünf bis zehn Mitstreiter zu suchen und mindestens zwei bis drei Stunden Zeit für jedes Kapitel zu nehmen. Stellen Sie sicher, dass jeder die Möglichkeit vor einem Treffen hatte, das Material zu lesen und darüber nachzudenken. Es ist außerdem hilfreich, wenn jeder der Teilnehmer sich die Stellen des Texts markiert, die er besonders wichtig und interessant findet.

Der Moderator

Um das meiste aus Ihren Gruppentreffen herauszuholen, empfehlen wir Ihnen, einen Moderator einzusetzen, dessen Aufgabe es ist, allen Teilnehmern die Möglichkeit eines Beitrags einzuräumen, das Treffen in Gang zu halten, auf die Zeit zu achten, für das nächste Treffen einen Moderator und Gastgeber zu benennen und die Treffen zu eröffnen und zu beenden.

Die Gruppenprozesse

Egal, ob Sie eine Gruppe bilden, die während der Erarbeitung des Handbuchs über die gesamte Zeit zusammenbleibt, oder für einzelne Themen eine Gruppe zusammenstellen: es gibt einige Tipps, um die Treffen so befriedigend wie möglich zu gestalten:

- Essen Sie etwas! Unterschätzen Sie nie die Energie durch Nahrung
- Wählen Sie einen Gastgeber aus
- Wählen Sie einen Moderator aus
- Beginnen und beenden Sie die Treffen rechtzeitig
- Treffen Sie sich jedes Mal zur selben Zeit und am selben Tag der Woche
- Verabreden Sie so viele Treffen im Voraus wie möglich

Es ist hilfreich, wenn die Gruppe einigen Grundregeln für die Kommunikation zustimmt. Hier einige Vorschläge (mehr dazu im Unterkapitel ‚Der Gruppendialog'):

- Seien Sie so aufmerksam wie möglich, wenn jemand spricht
- Unterbrechen Sie nicht
- Sprechen und hören Sie mit ganzem Herzen
- Stellen Sie sicher, dass jede Wortmeldung berücksichtigt wird
- Lesen Sie die Kapitel, bevor Sie zu den Treffen kommen

Gestaltung der Treffen

Dieses Handbuch enthält Materialien, die Sie dazu benutzen können, Ihre Treffen so zu gestalten, wie es Ihrer Inspiration entspricht. Wir ermutigen Sie, dabei so kreativ wie möglich zu sein und mit der Energie in der Gruppe zu gehen. Selbst wenn Sie sich nicht an einen genauen Ablauf halten, hilft es, auf einen Plan als Ausgangsposition zurückgreifen zu können. Als Empfehlung hier einige Anregungen für den Verlauf des Abends:

Einen Raum schaffen
Sitzen Sie im Kreis und richten Sie einen Moment der Stille ein, um Ihre Aufmerksamkeit zu erhöhen. Vielleicht möchten Sie Kerzen anzünden oder in anderer Form einen Raum der Besinnung schaffen. Dies ist ein guter Zeitpunkt, um ein Gedicht zu lesen oder eine Absicht zu äußern, so z. B.: „Möge unsere Zeit des Zusammenseins jedem von uns helfen, sich der Schönheit und des Geheimnisses unserer Existenz bewusster zu werden und möge sie dazu beitragen, dieses Bewusstsein in die Welt zu tragen." ***(5 - 10 Minuten)***

Die Begrüßung
Wenn die Gruppe neu ist, sollte jeder die Möglichkeit haben, sich vorzustellen und zu sagen, warum er zum Arbeitskreis gekommen ist. Selbst wenn die Gruppe sich schon kennt, kann es hilfreich sein, im Kreis herumzugehen und zu fragen, welches die besonderen Interessen und Neigungen sind, die jeden Einzelnen zu diesem Treffen bewegen. Die individuelle Begrüßung sollte jeweils nicht länger als zwei Minuten dauern. ***(10 - 15 Minuten)***

Worüber sprechen wir?
Gehen Sie den Inhalt des Kapitels durch, indem Sie die Mitglieder dazu einladen, über jene Abschnitte zu sprechen, die sie besonders interessieren. ***(15 - 20 Minuten)***

Gruppendialog
Gehen Sie die Dialogfragen durch, um sich von ihnen inspirieren zu lassen. Diese Fragen werden immer wieder in die Lesung eingestreut. Einige Kapitel haben am Ende noch zusätzliche Fragen. Da es insgesamt sehr viele Fragen sind, schlagen wir vor, dass Sie jede Frage laut vorlesen und jene aussuchen, die Sie am meisten ansprechen oder inspirieren.

Einige Fragen sprechen Sie auf einer intellektuellen Ebene an, andere auf einer persönlichen, andere sind praktischer Natur. Wir empfehlen Ihnen, sich Zeit zu nehmen, um Ihre Gedanken und Überlegungen aus allen diesen Bereichen miteinander teilen zu können. In dieser Einführung machen wir im Unterkapitel ‚Der Gruppendialog' verschiedene Vorschläge, um diesen Prozess so fruchtbar wie möglich zu gestalten.

(45 Minuten bis 1 Stunde)

In die Tiefe: Übungen und Aktivitäten
Jedes Kapitel enthält verschiedene Aktivitäten, die dazu dienen sollen, das Material vollständig einzubeziehen und dessen Inhalt zu erforschen. Diese Übungen können während der Dialoge eingestreut werden oder auch danach stattfinden. Um die Treffen zu bereichern, gibt es Gruppenaktivitäten, Einzel-Aktivitäten und Übungen, um Ihnen auch selbstständig ein tieferes Eintauchen in die Materie zu ermöglichen. ***(20 Minuten pro Übung)***

Quellen und Informationen miteinander teilen
Geben Sie den Teilnehmern die Möglichkeit, Artikel und Informationen über das Thema untereinander auszutauschen. Ermutigen Sie sie dazu, Material zu sammeln und in späteren Gruppentreffen miteinander zu teilen.

(5-10 Minuten)

Übungen für zu Hause
Jedes Kapitel enthält Aktivitäten oder Übungen, die Sie zu Hause machen können. Gehen sie diese Möglichkeiten durch und entscheiden Sie, welche Sie auswählen möchten. ***(5 Minuten)***

Ausklang des Treffens
Gehen Sie im Kreis herum, um Vorhaben und „Hausaufgaben" der Teilnehmer zu verteilen. Äußern sie Dankbarkeit und Anerkennung und sprechen Sie darüber, was während des Treffens funktionierte und was nicht funktionierte. Der nächste Moderator macht sich dabei für das folgende Treffen Notizen.

(10-15 Minuten)

Im Voraus planen
Machen Sie eine Skizze für das nächste Treffen. Stellen Sie sicher, dass Sie einen Termin, einen Gastgeber, einen Moderator und ein Kapitel ausgewählt haben, das Sie besprechen möchten. ***(5 Minuten)***

Abschluss
Beenden Sie das Treffen, indem Sie einen Moment der Stille wahren und ein Gedicht oder eine Segnung sprechen. Falls Sie während des Treffens eine Kerze angezündet haben, können Sie diese als Teil der Abschlusszeremonie ausmachen. ***(5 Minuten)***

Der Gruppendialog

„Viele Menschen glauben, dass sie denken, während sie lediglich ihre Vorurteile gerade neu sortieren."
David Bohm

Woran liegt es, dass einige Unterhaltungen wesentlich spannender und befriedigender sind als andere? Manchmal liegt es am Inhalt. Meistens ist es ein Resultat aus der Art und Weise, wie Menschen miteinander sprechen und einander zuhören. Im besten Fall kann Konversation eine geteilte Entdeckungsreise in Richtung eines größeren Verständnisses, einer Verbindung untereinander und der Auslotung neuer Möglichkeiten sein. Gute Dialoge zeichnen sich nicht durch Streiten, Sich-Aufspielen, endlose Ausführungen, Rechtfertigungen, Spott oder andere Formen der Diskussion aus, bei der wir nichts Neues entdecken oder nicht mit dem anderen in Verbindung treten. Ein guter Dialog kann die Art, wie wir denken, verändern.

Redestab
Bisher wurden einige sehr gute Untersuchungen darüber gemacht, was Gruppengespräche produktiv macht. Einige Hilfsmittel wie der *Redestab* (normalerweise ein Holzstab) sind sehr alt. Die Benutzung eines *Redestabs* ist ein einfaches Hilfsmittel, um ein Gespräch zu vertiefen. Derjenige, der den Stab hält, spricht mit ganzem Herzen. Wer den Stab nicht selbst hält, hört dem Sprecher aufmerksam zu. Wer selbst sprechen möchte, gibt ein Zeichen, damit der Stab an ihn übergeben wird.

Der Bohm'sche Dialog
Eine kürzlich aufgezeigte Form des Dialogs wurde vom Quantenphysiker David Bohm (http://www.ionsnw.org/DavidBohm.htm) entwickelt. Der Bohm'sche Dialog ist ein Prozess, der viele der Ideen aus *What the Bleep!?* in die Praxis umsetzen kann. Seine Absicht ist es, uns den lieb gewonnenen Gewohnheiten unseres Geistes auszusetzen, uns von diesen zu befreien und dabei statt überholter Annahmen und Einstellungen neue Gedanken und frische neuronale Netzwerke zu schaffen. Das Kernprinzip des Dialogs finden Sie auf http://thedialogueproject.org/dialogue.htm

Egal, welches Hilfsmittel Sie benutzen, egal, wie formell Ihr Dialog ist, hoffentlich erleben Sie ein großartiges Abenteuer.

Wir sehen uns im Mysterium!

Gott sei mit denen, die forschen, um zu verstehen:
Deren Suche sie weit weg bringt von dem,
was vertraut und bequem ist
und sie in Gefahr oder schreckliche Einsamkeit führt.

Lasst uns Verständnis für ihre Provokationen
oder unübliche Sprache aufbringen,
für ihre außergewöhnlichen Emotionen.

Denn sie sind beeinflusst, geformt und verändert
durch ihren Kampf an den Grenzen einer wilden Dunkelheit,
so wie wir vielleicht beeinflusst, geformt und verändert werden
durch die Einblicke, die sie von dort zurückbringen.
Segnet sie mit Stärke und Frieden.

Quelle: Luenig, ‚Prayer Tree'

Danksagung

Es braucht ein ganzes Dorf, um eine Anleitung zum Selbststudium zu schreiben. Wir sind dankbar für jeden Einwohner dieses Dorfes:

Verantwortliche Leiterin: Dr. Marilyn Schlitz

Projektleitung: Gwen Gordon

Geschäftsleitung: Stephen Dinan

Redaktionelle Beratung: Keith Thompson

Korrektur (engl. Fassung): Vesela Simic

Produktionsassistenzen: Charlene Farrell; Matthew Gilbert; Jenny Mathews; Jeffrey Zienowicz

Autoren/Recherche: Gwen Gordon; June Katzen; Dr. Christian de Quincey; Dr. Dean Radin; Marguerite Rigoglioso; Dr. Marilyn Schlitz; Keith Thompson, Dr. Cassandra Vieten

Assistenz Recherche:
Bob Lange; Lael O'Leary; Thomas Mc Farlane; Gregory Mengel; Dr. Dean Radin; Michelle Woodward

Zusätzliche Quellen

Alle Zitate in diesem Band sind von der Übersetzerin aus dem Englischen übersetzt worden und keine Originalzitate aus deutschen Büchern!

Literatur

Bohm, David: *On Dialogue*. Routledge, 1999. (Dt. Ausgabe: Der Dialog. Stuttgart: Klett-Cotta, 1998)

Ellinor, Linda and Gerard, Glenna: *Dialogue: Rediscover the Transforming Power of Conversation*. John Wiley and Sons, Inc. 1998. (Dt. Ausgabe: *Der Dialog im Unternehmen: Inspiration, Kreativität, Verantwortung*. Stuttgart: Klett-Cotta, 2000)

Hammond, Sue Annis: *Thin Book of Appreciative Inquiry*. Thin Book, 1998.

Isaacs, William: *Dialogue: The Art of Thinking Together*. Doubleday, 1999.

Jaida N'Ha, Sandra: *The Joy of Conversation*. Utne, 1997.

The Utne Reader-sponsored guide to co-creative salons of all types. http://www.utne.com

Oliver, Leonard P.: *Study Circles: Coming Together for Personal Growth and Social Change*. Seven Locks Press, 1987.

Websites

http://www.nald.ca/clr/study/scdvd.htm
http://www.co-intelligence.org/P-dialogue.html
http://www.co-intelligence.org/P-facilitation.html
http://www.co-intelligence.org/links.html

Deutsche Webseite zur Bleep-Thematik:
htttp://www.bleep.de

DVD

What the Bleep Do We (K)now!?
als Standard Edition oder
3er-DVD Premium Edition

Die in diesem Handbuch angegebenen Internet-Adressen von Webseiten werden Ihnen als zusätzlicher Service zur Verfügung gestellt. Sie verweisen fast ausnahmslos auf englischsprachige Webseiten. Diese sind vollkommen unabhängig und liegen außerhalb der Kontrolle des Herausgebers. Herausgeber und Verlag bieten keine Gewährleistung für die Datenschutzbestimmungen oder Inhalte irgendeiner dieser Webseiten und übernehmen keinerlei Verantwortung für den Inhalt oder die Nutzung dieser Adressen.

KAPITEL I

Paradigmen-Wechsel

Was ist ein Paradigma?
Wie verändert sich ein Paradigma?
Wie können wir wissen, was wir wissen?
Was ist Wahrheit?

„Der Erfolg der Meisterwerke scheint nicht so sehr in ihrer Freiheit von Fehlern zu liegen – tatsächlich tolerieren wir die gröbsten Fehler in allen von ihnen –, sondern in der immensen Überzeugungskraft eines Geistes, der vollständig Herr seiner eigenen Perspektive ist."

Virginia Woolf

„Das Universum besteht aus Geschichten, nicht aus Atomen."

Muriel Rukeyser

Von dem Augenblick an, als Menschen erstmals fähig waren zu denken und Fragen zu stellen, waren wir von der Größe, Schönheit und manchmal auch Furcht erregenden Kraft der Natur eingeschüchtert.

Unsere Vorfahren, die Zeugen unserer Reise vom Wunder der Geburt bis zur Endgültigkeit des Todes wurden, fragten sich: Woher sind wir gekommen? Warum sind wir hier? Wo gehen wir hin? Genau wie wir versuchten sie, ihren Platz in dieser Welt zu verstehen und die Kräfte, die ihr Leben kontrollierten, zu begreifen.

Wir beschwören diese Mysterien durch Erzählungen. In einigen Geschichten bewohnen Erdgeister jeden Aspekt der Natur, in anderen gibt es einen einzigen Gott im Himmel, der von oben alles lenkt, wieder andere vermitteln uns, dass wir uns allein in einer gleichgültigen Welt befinden.

Können wir sagen, dass einige dieser Geschichten wahrer, besser, gültiger sind als andere?
Wenn dies der Fall ist, in welcher Hinsicht?
Wie bewerten wir, was wahr ist?
Und was passiert, wenn die Geschichten, auf die wir uns unser ganzes Leben berufen haben, nicht mehr gültig sind?

Die Ideen, die in dem Film *What the Bleep Do We (K)now!?* vorgestellt werden, stellen Aspekte einer in der westlichen Welt vorherrschenden Geschichte in Frage, die wir seit 300 Jahren erzählen. Das Paradoxe daran ist, dass diese Herausforderung aus dem Auftrag der westlichen Wissenschaft resultierte, die Welt immer tiefer zu erforschen. Die Wege des Wissens, die die alte Geschichtsschreibung bestärkten, bereiten auch den Weg für eine neue Geschichte. Tatsächlich kann man die Geschichte der Wissenschaft als Entwicklung von Ideen betrachten, die aufzeigen, dass die Realität nicht so ist, wie sie scheint. Ebensowenig sind wir genau das, was wir glauben zu sein. Der Film beschenkt uns mit einer Wissenschaft und Philosophie, die Basis einer neuen Geschichtsschreibung sein könnten. Diese Auswirkungen erschüttern ein bereits lange bestehendes Gefüge.

Was ist ein Paradigma?

Das Wort „Paradigma" bezieht sich auf einen konzeptionellen Rahmen, ein Glaubenssystem. Eine umfassende Perspektive, durch die wir die Welt sehen und interpretieren.

Das Lexikon definiert ein Paradigma als „Muster, Beispiel oder Modell". Das Wort stammt vom griechischen Wort paradeigma, zusammengesetzt aus der Vorsilbe para, was so viel wie „neben, entlang, darüber hinaus" bedeutet, und deigma, was so viel wie „Beispiel" oder „das Vorzeigen" heißt. Paradigma bedeutet also wörtlich „neben einem Beispiel", ist also etwas, das neben einem Beispiel existieren kann oder diesem entspricht – daher ein Modell ist.

Man kann außerdem sagen, „dass es über das Nachweisbare hinaus geht, also etwas Unsichtbares oder bisher Unerkanntes ist." Das Wort hat demnach eine Doppelbedeutung, es meint gleichzeitig ein Modell für etwas zu sein (z. B. für die Welt), aber auch eine unsichtbare Struktur (z. B. das Denksystem, innerhalb dessen wir unsere Welt betrachten).

Unser Paradigma bestimmt, was wir sehen können, wie wir denken und was wir tun. Wir stellen seine Genauigkeit nicht in Frage, da uns in der Regel nicht bewusst ist, dass es überhaupt existiert. Der Versuch, über unsere eigene Sicht der Welt nachzudenken ist so, als versuche man einen blauen Farbton zu erforschen, während man blau getönte Brillengläser trägt. Wir sind nicht zu einer ausreichenden Distanzierung fähig, um erkennen zu können, inwieweit unsere Wahrnehmung beeinflusst wird. Wir nehmen einfach an, dass die Dinge so sind, wie wir sie auch sehen. Unsere Paradigmen sind normalerweise alles, was wir kennen, und sie werden uns erst bewusst, wenn wir auf Paradigmen treffen, die sich von den unsrigen unterscheiden.

Paradigmen in der Wissenschaft

In seinem Klassiker *Die Struktur wissenschaftlicher Revolutionen* brachte der Wissenschaftshistoriker Thomas Kuhn 1962 Paradigmen ins Gespräch. Er beschreibt darin, dass die etablierte Wissenschaft Paradigmen „als eine feststehende, richterliche Entscheidung eines allgemeingültigen Gesetzes" betrachtet. Kuhn fährt fort:

„Paradigmen halten ihren Status, da sie in der Regel erfolgreicher als ihre Mitbewerber sind, Probleme zu lösen, die eine Gruppe von Fachmännern als dringlich eingestuft hat. Der Erfolg eines Paradigmas ist anfangs größtenteils das Versprechen eines Erfolgs, der durch ausgewählte und dennoch unvollständige Beispiele später festgestellt wird. Gewöhnliche Wissenschaft besteht aus der stetigen Aktualisierung dieses Versprechens."

Kuhn zufolge ist ein wissenschaftliches Paradigma eher eine Hypothese, die die „normale Wissenschaft" ausarbeitet, indem sie mehr und mehr Daten sammelt. Daher tendieren Wissenschaftler dazu, Beständigkeit anstatt Neuerung zu suchen. Sie ignorieren ständig jene Abweichungen, die ein existierendes Paradigma in Frage stellen würden. Und zwar so lange, bis diese Abweichungen zu störend werden, um sie ignorieren zu können.

Jedes wissenschaftliche Paradigma ist in einen kulturellen Kontext eingebettet, der das betreffende wissenschaftliche Projekt unterstützt. Während Paradigmen auf vielen verschiedenen Ebenen existieren können - auf persönlicher, familiärer, gesellschaftlicher Ebene - so entstehen sie doch auch immer aus einem größeren kulturellen Paradigma, welches im Zusammenhang mit unseren religiösen und wissenschaftlichen Überzeugungen steht.

Wir leben mit Metaphern

Unsere innersten Überzeugungen über das Universum sind eingebettet in Metaphern, die wir benutzen. Die Öko-Philosophin Joanna Macy erforscht fünf zentrale Metaphern, durch die Menschen verschiedener spiritueller Traditionen die Welt betrachten: Die Welt als Schlachtfeld, die Welt als Klassenzimmer, die Welt als Falle, die Welt als Liebhaber, die Welt als Selbst. Wir haben dieser Liste eine weitere Sicht hinzugefügt: Die Welt als Maschine.

QUELLE: Mehr Informationen zum Werk von Joanna Macy finden Sie auf *www.joannamacy.net*

Die Welt als Schlachtfeld

„Viele Menschen betrachten die Welt als ein Schlachtfeld, wo Gut und Böse gegeneinander antreten und die Kräfte des Lichts gegen die Kräfte der Finsternis kämpfen. Diese alte Tradition geht zurück auf die Zoroastrier (Zarathustra) und die Manichäer. Da gibt es die Ansicht, dass man Gottes Schlacht schlägt und man am Ende gewinnen wird. William Irwin Thomson hat diese Art der Selbstgewissheit und Selbstgerechtigkeit als ‚die Trennung von Gott' bezeichnet."

Die Welt als Klassenzimmer

„Eine eher harmlose Version des Schlachtfeld-Vergleichs ist das Bild der Welt als ein Klassenzimmer, eine Art moralisches Gymnasium, in dem man bestimmte Tests absolvieren muss und Mut und Eifer unter Beweis stellt. Man hat dort bestimmte Lektionen zu lernen, um in nächsthöhere Kampfklassen mit anschließender Belohnung aufsteigen zu können. Ob nun Schlachtfeld oder Schulzimmer, die Welt ist ein Ort, an dem man sich beweisen muss. Daneben gibt es nichts mehr wirklich Wertvolles. Was allein zählt, sind unsterbliche

Seelen, die immer wieder getestet werden. Und um die Seele zu retten, ist man zur Zerstörung bereit." Diese beiden Sichtweisen sind sehr stark unter den monotheistischen Religionen verbreitet. Aber auch Agnostiker, so Macy, können dieser Lehre verfallen, wenn sie militant oder selbstgerecht veranlagt sind. Der Fundamentalismus hat sowohl religiöse als auch weltliche Anhänger.

Die Welt als Falle

„Hier besteht der spirituelle Weg nicht darin zu kämpfen und den Feind zu besiegen, sondern darin, uns von allem zu befreien und aus der chaotischen Welt zu flüchten. Wir versuchen, uns aus der Welt herauszuziehen und zu etwas Höherem, einer übergroßen, phantastischen Ebene aufzusteigen. Diese Haltung basiert auf einer hierarchischen Sicht der Realität, bei der der Verstand höher bewertet wird als Materie und der Geist über der Natur steht. Diese Sicht ermutigt zur Verachtung der materiellen Dinge", sagt Macy. Die westliche Weltanschauung basiert auf dieser Metapher, wobei die Falle dabei in der Illusion besteht, die Erscheinungswelt existiere tatsächlich. Um die Wahrheit zu erkennen, muss man die ewig gültigen, transzendenten Ideen und Formen Platons direkt umsetzen. Jene perfekten Formen ändern sich nicht und sind eine willkommene Erleichterung von den überwältigenden Strudeln und dem Chaos in dieser Welt.

Einzelne Elemente dieser Weltanschauung haben in alle großen Weltreligionen der letzten 3.000 Jahre, unabhängig von ihrer eigentlichen Metaphysik, Eingang gefunden. Macy schreibt dazu: „Viele von uns, die sich auf einem spirituellen Weg befinden, fallen auf diese Sicht herein. Sie möchten an eine transzendentale Wirklichkeit glauben, die entfernt von einer sehr materialistisch erscheinenden Gesellschaft existiert und heben diese auf eine überragende Ebene, befreit von Verwirrung und Leid. Die Ruhe, die von spirituellen Praktiken ausgeht, so glauben wir, gehört zu einem Himmel, der fern von unserer Welt existiert, und zu dem wir aufsteigen können, um dort sicher und gelassen zu leben."

Für diejenigen, die sich nicht mit Spiritualität identifizieren, gibt es eine andere Version dieser Weltsicht, die davon ausgeht, dass wir erst von all unseren Neurosen und Blockaden geheilt werden müssen, bevor wir an der Welt teilhaben können. Bei dieser Sichtweise werden das Selbst und die Welt als grundsätzlich getrennt voneinander empfunden, sodass daraus der Glaube entsteht, dass wir das Eine ohne das Andere heilen können.

Die Welt als Maschine

Auch als Moderne bezeichnet, wird die Welt dabei als eine Ansammlung von toten Objekten gesehen, die voraussehbar interagieren. Innerhalb mechanischer Abläufe also, die auf mathematischen Gesetzmäßigkeiten basieren (hauptsächlich entwickelt von Isaac Newton und bekannt als Newton'sche Mechanik oder auch Klassische Physik). Erstmals vorgestellt im 17. Jahrhundert von Descartes, Newton, Bacon und auch anderen, etablierte die Moderne eine Trennung zwischen Geist und Materie, dem Subjektiven und dem Objektiven und letztendlich zwischen Wissenschaft und Religion. In einem über Jahrhunderte andauernden, erbitterten Streit zwischen einer steigenden Zahl von Empirikern und einer sich verschanzenden Theologie etablierte sich ein zweifelhafter Frieden. Die Wissenschaft beanspruchte die physikalische Welt, die Kirche die des Geistes.

Was passiert mit den bedeutenden Religionen und spirituellen Einflüssen, die sich mit der grundlegenden Rolle des Sinns unseres Lebens beschäftigen, bei einer Weltanschauung, in der die physikalische und die geistige Welt das Zusammengehörigkeitsgefühl verloren haben? Der ganzheitlich denkende Theoretiker Ken Wilber führt aus, dass das grundlegende menschliche Bedürfnis nach Transzendenz sich „seitwärts" einen Weg durch Anhäufen von Besitz und Egobefriedigung sucht, sobald es ins Unbewusste gedrängt wird.

QUELLE: Mehr Informationen über die wissenschaftliche Revolution auf *The Scientific Revolution Page* *http://www.fordham.edu/halsall/mod/modsbook09.html*
Für mehr Informationen über Liebe und Evolutionäre Biologie lesen Sie bitte Dr. G. Campbell *Teskey "A Discussion of David Buss's 'A Dangerous Passion' – Jealousy & Evolutionary Psychology"*
http://abskeptic.htmlplanet.com/files/speaker_200203_tes.htm
Für generelle Informationen über Evolutionäre Psychologie geben Sie bitte die Suchworte "work evolutionary psychology" auf der *Psychology-Today-Website* *http://cms.psychologytoday.com/search/search.cgi?q=work+evolutionary+psychology* ein

Die Welt als Liebhaber

Macy führt aus, dass bei dieser Sichtweise „die Welt als ein sehr intimer und befriedigender Partner angesehen wird. Im Hinduismus finden wir einige der reichhaltigsten Ausdrucksformen für unsere erotische Beziehung zur Welt. Sehnsucht und Verlangen spielen hier eine kreative, stabilisierende Rolle, und diese Aufladung reicht bis in die Lobpreisungen Krishnas, wo die andächtigen

Gesänge, die *bhajans* sich auf das erotische Verlangen von Körper und Geist beziehen. Der Mensch fühlt sich vom erotischen Spiel des Lebens umarmt und darin aufgehoben. Diese erotische Dimension der spirituellen Welt beschränkt sich aber nicht nur auf den Hinduismus. In alten Religionen, in denen Göttinnen eine Rolle spielen, gibt es diesen Aspekt ebenfalls, so z.B. in Teilen des Sufismus, der Kabbala und im Christentum, welches seine Bräute mystifiziert."

Romantische Schriftsteller des 19. Jahrhunderts wie Blake, Wordsworth und Shelley fühlten sich ebenfalls in erotischer Art zur Welt hingezogen. Und auch Walt Whitman in seinem Gedicht „Body Electric". Die amerikanische Transzendental-Bewegung mit Emerson und Thoreau bezog sich ebenfalls stark auf diese natürliche Welt und glaubte, dadurch an sich selbst eine größere Menschlichkeit entdecken zu können.

QUELLE: *„Eros and Aphrodite"* von Erin Sullivan auf
http://www.erinsullivan.com/articles/eros_aphrodite_article.htm
„Eros and the Psychology of Worldviews" von Eugene Webb auf
http://faculty.washington.edu/ewebb/Eranos.html

Die Welt als Selbst

Die Welt als Liebhaber ist eine Ergänzung zur Welt als Selbst. Das Subjekt (der Liebende) und das Objekt (der Geliebte) sind in diesem Fall nicht länger getrennt. Die Welt wird als untrennbares Ganzes gesehen und jedes Individuum als Verbindungsknoten im Netz des Lebens. Die Hindu-Tradition bietet das Bild von Indras Netz an, in dem jeder Knoten ein Juwel ist, der im Glanze der anderen Knoten schimmert. Im buddhistischen Glauben finden wir diese Idee im Konzept der „abhängigen Enstehung" oder auch der wechselseitigen Kausalität wieder. Heute kommt diese Auffassung auch als mögliches Prinzip in der Wissenschaft vor – in der generellen Systemtheorie, in der Komplexitätsforschung und in der Quantenphysik. Wir entdecken, dass Geist der Natur innewohnt, und zwar in einem Ausmaß, das weit über die Spanne des Bewusstseins des Einzelnen hinausgeht.

QUELLE: Information zu *Paticca Samutpada* auf
www.akshin.net/philosophy/budphilcausality.htm

?

Wie sehr handeln Sie selbst innerhalb dieser Weltanschauungen?
Wo finden Sie diese Weltanschauungen in Ihrer Umgebung wieder?
Ist jede dieser Weltanschauungen in gleicher Weise gültig?
Wodurch erhalten einige der Weltanschauungen größere Gültigkeit?

Der Autor Robert Todd Carol warnt uns vor dem allgemeinen Missverständnis, dass „ein Paradigma etwas Relatives und Subjektives ist, und daher etwas ganz Persönliches, ohne dass eine Abgleichung oder Verbindung zur Realität stattfindet."

Einige derer, die denken, dass Schöpfung und Evolution konkurrierende Paradigmen oder Theorien sind, begehen diesen Fehler. Es mag sein, dass alle diese Theorien und Anschauungen zu einem gewissen Grad subjektiv sind, aber das heißt nicht, dass sie alle gleichermaßen anwendbar oder wahrscheinlich sind oder gar vom selben Typ wären."

QUELLE: Schlagen Sie ‚*Paradigm*' und ‚*Paradigm Shift*' bei ‚*The Sceptic's Dictionary*' unter *http://skeptic.com/paradigm.html* nach

Der Blick auf die Welt wandelt sich

„Es scheint so, als befände sich der westliche Geist heute in einem epochalen Wandel, der in seiner Größenordnung vielleicht mit anderen Umbrüchen unserer Zivilisationsgeschichte gleichgesetzt werden kann. Ich glaube, dass wir an diesem Wandel auf intelligente Art nur in dem Ausmaß teilnehmen können, wie wir auch über historische Vorgänge informiert sind."

Richard Tarnas

Eine kurze Geschichte der westlichen Weltanschauungen

Nach Ansicht des Historikers und Philosophen Richard Tarnas hat der Westen drei Hauptphasen in seiner 2.000-jährigen Geschichte durchlaufen, in der verschiedenartige, allgemeingültige Weltanschauungen überwogen haben: Die klassische Weltanschauung, die Vor-Moderne (oder mittelalterliche Weltanschauung) und die Moderne, die von der Physik geprägt wurde.

Klassisches Paradigma *- Zeitalter der Götter und Orakel*

Weltanschauung der griechischen Antike. Das Wissen wird von den Göttern durch Orakel übermittelt. Sinn wird von und durch die Götter gestiftet. Die griechische Philosophie wendet sich seit der Zeit vor Sokrates mehr und mehr von den Göttern und Orakeln ab und orientiert sich stärker an der Natur und der Kraft des Verstandes, um das Wesen der Realität zu ergründen. Sokrates, Platon und Aristoteles setzen diesen philosophischen Ansatz fort.

Vor-Modernes Paradigma – *Zeitalter des Glaubens/Aberglaubens*
Mittelalterliche Weltanschauung. Wissen wird von Autoritäten abgeleitet, der Sinn wird von der Beziehung der Dinge untereinander bestimmt. Dazu passt der Hermetische Lehrsatz: „Wie unten, so oben".

Modernes Paradigma – *Zeitalter der Vernunft/Empirie/Wissenschaft*
Beginnend im 17. Jahrhundert und bis heute andauernd. Zeitalter der Analyse, des Individualismus und des Mechanismus, der Physik. Bedeutung und Sinn werden vom menschlichen Geist auf die Natur projiziert. Mechanische Kausalität ist der einzige Weg, mit der Dinge sich verändern oder bewegen können. Die leitende Metapher ist die Maschine. Zeit ist linear.

?

Repräsentiert diese Geschichte den Fortschritt?
Wenn ja, wohin?
Was ist in der Entwicklung der westlichen Weltanschauung verloren gegangen?
Was wurde gewonnen?

Wo befinden wir uns jetzt?

Während die Moderne als dominierendes Paradigma im Westen überwiegt, gibt es gleichzeitig andere Weltanschauungen, die parallel existieren. Der Soziologe Paul Ray, der durch Umfragen neue Tendenzen in unserer Gesellschaft erforscht, stellt fest, dass heute in den USA drei vorrangige Subkulturen existieren: Die Traditionalisten, die Modernisten und die Kulturkreativen.

Traditionalisten sind kulturell Konservative, die den Wunsch haben, die vor-moderne Einfachheit eines Lebens zu erhalten. Ray bezeichnet sie auch als „Heartlanders", die „am nostalgischen Bild einer Rückkehr zum religiös geprägten amerikanischen Kleinstadtleben in der Zeit von 1890-1930 festhalten ... und von dem sie annehmen, dass es die guten, alten, traditionellen Werte Amerikas repräsentiert."

Modernisten, so Ray, sind eine Erweiterung des Zeitalters der Aufklärung. Diese Gruppe propagiert „aggressiven Wandel, materiellen Fortschritt und das Leben der Großstadt. Das Besondere an dieser Gruppe ist ihr Glaube an eine technologische Wirtschaft, die die Welt umgestaltet."

Kulturkreative werden so bezeichnet, weil sie es bevorzugen, in führendem Rahmen an einem Kultur-Umbruch mitzuwirken. Paul Ray sagt, dass sie sowohl persönlich motivierte als auch grüne (ökologische) Ziele verfolgen. Sie beschäftigen sich mit Psychologie, Spiritualität und Selbstverwirklichung. Sie mögen Exotisches und Fremdes, lieben neue Herausforderungen, setzen sich für die Rechte der Frauen und Minderheiten ein und unterstützen den Gedanken einer nachhaltigen ökologischen Umweltpolitik.

Ray zufolge machen die Traditionalisten, die „Heartlanders", etwa 29 % der heutigen US-Bevölkerung aus, das entspricht etwa 56 Millionen Erwachsenen. Modernisten sind etwa 47 % der Bevölkerung oder 88 Millionen Erwachsene. Kulturkreative machen etwa 24 % der Bevölkerung aus, was 44 Millionen Erwachsenen entspricht.

QUELLE: *"The Rise of Integral Culture"* von Paul Ray auf *http://www.noetic.org/publications/review/issue37/r37_Ray.html*
Interview mit Paul Ray auf: *www.paraview.com/features/paul_ray.html*

?

Wenn sie stimmen, was bedeuten dann diese Daten?
Wie verändern sie die Wahrnehmung Ihrer eigenen Person?
Welche Möglichkeiten ergeben sich daraus?

Wohin gehen wir?

Weltanschauungen sollen dazu dienen, Probleme zu lösen. Sie ändern sich, wenn bestehende Lösungen nicht länger funktionieren und aufkommende Probleme neue Wege erfordern. Manchmal sind diese Probleme konzeptioneller Natur - wie geben wir neuen Informationen einen Sinn, wenn sie nicht in unseren bereits existierenden Rahmen passen? Manchmal sind diese Probleme praktischer Natur - eine Weltanschauung führt vielleicht zum Krieg, Massenvernichtung und einem Gefühl der Entfremdung. Manchmal, wie bei unserer modernen Weltsicht, bringt eine Weltanschauung, die einmal Probleme löste, neue hervor.

Ärger in Paradigma-Stadt

Während der vergangenen 300 Jahre hat sich die moderne Gesellschaft vor allem auf wissenschaftliche Entdeckungen gestützt, um uns etwas über das Wesen der Realität mitzuteilen. Einerseits haben wir alle enorm von den Vorteilen der technischen Möglichkeiten profitiert, die uns die Wissenschaft ermöglicht hat. Andererseits haben sich viele Menschen schon einmal unwohl gefühlt, wenn die Wissenschaft bedeutende persönliche Erfahrungen nicht ausreichend darlegen oder erklären konnte. Viele empfinden eine immer stärker werdende Diskrepanz zwischen dem, was sie persönlich erfahren, und dem, was sie anhand wissenschaftlicher Ausführungen wissen.

Erfahrungen wie Nahtod-Erlebnisse oder Außer-Körper-Erfahrungen, Telepathie, Hellsehen oder „Remote Viewing" (räumlich/zeitliche Fernwahrnehmung) und die großartigen Heilungserfolge durch Autosuggestion und Gebet sind nur einige der Anomalien, die vorherrschende Erklärungen über die Gesetzmäßigkeiten der Welt herausfordern.

Allerdings stellen wir auch eine bemerkenswerte Annäherung der Entdeckungen an den Grenzen der Wissenschaft fest, die die uralten Weisheiten der bestehenden spirituellen Traditionen zu stützen scheinen. Wir lernen zum Beispiel von der Quantenphysik, wie bestimmte Aspekte der Realität unser gewöhnliches Verständnis von Zeit und Raum überschreiten und erfahren von der Neurowissenschaft sowie Untersuchungen des Bewusstseins bemerkenswerte Verbindungen zwischen Körper und Geist. Phänomene wie „quantische, nicht-örtliche Verbundenheit" und wie die Kraft des Geistes und der Emotionen den Körper beeinflussen (und andere Teile der physischen Welt), passen nicht in eine gängige Auffassung darüber, wie die Welt funktioniert.

Ganz allmählich werden die rein mechanisch-physikalischen Sichtweisen von den wirklich unglaublichen Erkenntnissen der Quantenphysik, der System- und Komplexitätstheorie, der Psychoneuroimmunologie und anderen Körper-Geist-Untersuchungen der Bewusstseinsforschung ersetzt.

Die daraus resultierende Geschichte vermittelt uns, dass das Universum nicht aus Dingen, sondern aus Möglichkeiten besteht und dass Beziehungen und Prozesse fundamentaler als Materie sind. So wie es der Theologe Thomas Berry formuliert: „Die Welt besteht aus einer Gemeinschaft von Subjekten und nicht aus einer Ansammlung von Objekten." Es ist eine Welt des Liebhabers und eine Welt des Selbst - ein bewusstes, sich entwickelndes Universum, an dem wir durch jeden Gedanken und jede Handlung aktiv teilnehmen.

What the Bleep Do We (K)now?! hat einen Nerv getroffen, der für viele tausend Menschen eine erste öffentliche Anerkennung dessen bedeutet, was sie seit Jahren in ihrem privatem Leben erfahren oder vermutet haben: Die Realität ist viel geheimnisvoller, als ihnen bisher vermittelt wurde. Und den Kern dieses Mysteriums bilden die Kreativität und die Möglichkeiten des Bewusstseins.

Der Philosoph Duane Elgin sagt dazu:

> *„Ich glaube, dass der weitest reichende Trend unserer Zeit im aufkommenden Wandel unseres gemeinsamen Blicks auf das Universum liegt - von der Vorstellung, dass es sich um etwas Totes handelt zu der Erfahrung, dass es sich um etwas Lebendiges handelt. Indem man das Universum als etwas Lebendiges betrachtet und wir uns selbst als etwas fortwährend Dauerhaftes innerhalb dieses Lebendigen, sehen wir, dass wir eng verbunden sind mit allem, was existiert. Dieser Einblick ... bedeutet eine neue Sichtweise und einen neuen Bezug zur Welt und überwindet die tiefe Trennung, die unser Leben geprägt hat."*
>
> *(www.noetic.org/publications/review/issue54/main.cfm)*

Vielleicht fragen wir uns, warum es so schwierig ist, neue Wissenschaften zu akzeptieren und unsere Version der Realität zu erneuern. Aber Weltanschauungen als Massenphänomen ändern sich nur langsam und über einen gewissen Zeitraum. Wir sollten Folgendes berücksichtigen: zwar wissen wir seit Jahrhunderten, dass die Erde eine Kugel ist und sich um die eigene Achse dreht - trotzdem sprechen wir vom Sonnen-„Untergang" am Horizont. Ebenso sind die Erkenntnisse der Quantenphysiker nicht wirklich neu. Diese Theorie wurde das erste Mal vor über 70 Jahren entwickelt. Und egal wie gut wir glauben, die Schlussfolgerungen der Atomtheorie und Neurowissenschaften zu kennen, die uns sagen, dass die Materie zum größten Teil aus leerem Raum besteht und unser Gehirn die Wahrnehmung der Welt nur „konstruiert", die Welt wird trotz allem noch so aussehen und sich so anfühlen, als sei sie „da draußen" - stabil und verlässlich.

Wie zum ‚Bleep' wissen wir, was wir wissen?

„Was du nicht in deinem Körper weißt, kannst du auch nirgendwo anders erfahren."
Aus den Upanischaden

„‚Es hat keinen Sinn, es zu versuchen,' sagte Alice. ‚Man kann nicht an das Unmögliche glauben.' ‚Ich wage zu behaupten, dass du darin nicht viel Übung hast. Als ich in deinem Alter war, habe ich es immer für eineinhalb Stunden getan. Manchmal habe ich an sechs unmögliche Dinge noch vor dem Frühstück geglaubt."
Lewis Carroll

Wir können unsere grundlegenden Annahmen über die Welt nicht ändern, ohne die Art und Weise zu ändern, wie wir etwas lernen. Jede Weltanschauung hat einen dazu passenden Weg des Wissens, den man Erkenntnistheorie nennt. Die Erkenntnistheorie ist ein Zweig der Philosophie, der Wissen untersucht. Sie versucht die grundlegende Frage zu beantworten, was wahres (adäquates) Wissen von falschem (inadäquatem) Wissen unterscheidet. Im Grunde führt dies zu den Fragen der wissenschaftlichen Methodik: Wie kann man Theorien oder Modelle entwickeln, die besser als andere konkurrierende Theorien sind?

Das Einleuchtende

Die westliche Ausrichtung zur Rationalität und Empirie begann mit den Griechen. Nach Platons Auffassung bedeutet Wissen das Gewahrsein einer absoluten universalen Idee oder Form, die unabhängig von dem Subjekt existiert, das sie zu erfassen versucht.

Obwohl Aristoteles mehr Betonung auf logische und empirische Methoden zur Erlangung von Wissen legt, akzeptiert er dennoch die Meinung, dass dieses Wissen eine Ahnung der notwendigen und universellen Prinzipien bedeutet.

In der Renaissance dominierten dann zwei erkenntnistheoretische Positionen die Philosophie: Empirie, die Wissen als Ergebnis von Erfahrungswerten bewertet, und Rationalität, die es als Produkt eines rationalen Nachdenkens sieht.

Die wissenschaftliche Revolution ermöglichte in intellektueller und technologischer Hinsicht sogar noch exaktere Werkzeuge, mit denen die Welt untersucht und analysiert werden kann. Wir wurden dazu angehalten, unsere subjektive Erfahrung zu unterdrücken, sodass unsere Sinne die Fakten ohne „Behinderung" oder „Verzerrung" sammeln könnten.

Nicht-rationale Wege des Wissens

Andere, nicht-rationale Wege des Wissens - so wie Glaube, Intuition, spirituelle Einsicht und körperbezogene Weisheit - wurden mit frühen Stadien der kulturellen Entwicklung in Verbindung gebracht und daher als rückschrittlich bezeichnet. Interessanterweise hat die Wissenschaft, trotz ihrer Skepsis, viele ihrer Errungenschaften und Entdeckungen durch diese nicht-rationalen Wege der Wissensfindung erlangt.

Der deutsche Chemiker Kekule rätselte ausgiebig über die Struktur von Benzinmolekülen. Eines Nachmittags nickte er ein und sah in einer Art hypnotischem Zustand eine wirbelnde Schlange, die sich selbst in den Schwanz biss. Er erwachte mit der Eingebung, dass Benzinatome einen Ring bilden. Tatsächlich haben die meisten prominenten Wissenschaftler, die den Grundstein für die Moderne gelegt haben - eingeschlossen René Descartes, James Clerk Maxwell und Nicola Tesla - ihre Inspirationen durch Träume und Visionen gewonnen.

„Das kosmisch-religiöse Gefühl ist der stärkste und edelste Ansporn für die wissenschaftliche Forschung," sagte Einstein, der von Wahrheiten sprach, die man „zwar fühlen, aber nicht ausdrücken kann." Und als man ihn fragte, wie er denn wisse, dass die Lösung eines Problems richtig sei, antwortete er, dass er es in seinen Muskeln fühlen könne. Andere Wissenschaftler sprechen von einer Wahrheit, die von einem ästhetischen Sinn erkannt werden kann und der geweckt wird, wenn ein Problem durch Eleganz und Symmetrie gelöst worden ist.

Babara Alice Mann, eine beachtete Autorin und Rednerin über irokesische Geschichte und Kultur, beschreibt in ihrem Buch *Iroquoian Woman: the Gantowisas*, dass „die westliche Wissenschaft die irokesische Medizin (und die aller anderen Ureinwohner) fortwährend als Magie darstellt ... Es ist trotz allem eine westliche Befangenheit und keine empirische Beobachtung, die die Medizin der Ureinwohner als kindischen Aberglauben, Geister als Erfindungen einer verwirrten Einbildung, und die Arbeit mit Geistern als Fantasie definiert." Sie spricht von der Medizin der amerikanischen Ureinwohner als „mystischem Potenzial", was nicht gleichbedeutend mit dem westlichen Konzept von Magie ist.

Diese Medizin beschäftigt sich vor allem mit den nicht alltäglichen Zuständen des Bewusstseins, die sowohl die Trance des Mediums mit einbezieht als auch „die zeremoniellen Zustände der Ehrerbietung während der Durchführung des Rituals, visionäre Zustände, in denen Vergangenheit und Zukunft erblickt werden, Fern-Sehen, bei dem Ereignisse an einem fernen Ort betrachtet werden, und Außer-Körper-Reisen mittels des Geistes, üblicherweise in Form einer Himmelsreise." Alles das, so sagt sie, sind reale und wertvolle Wege, um Wissen vom Universum zu erlangen.

Frauen sind schon immer dazu ermutigt worden, ihr Wissen auf unübliche Art zu erwerben. Im Griechenland der Antike, in Italien, Ägypten und der Türkei z. B. wurden Frauen als Orakel oder Prophetinnen befragt, die sich in Trance versetzten, um Informationen aus der Vergangenheit, der Gegenwart und der Zukunft zu offenbaren. Besonders in Regionen wie Delphi und Dodona in Griechenland sowie Cumae in Sizilien suchten Könige und Generäle den Rat der Orakel, da er genau und zuverlässig war. Niemand weiß genau, wie diese Frauen Zugang zu ihrem Wissen bekommen haben, aber alte Quellen vermuten, dass sie ihren Status als Orakel durch das Inhalieren spezieller Dämpfe oder das Trinken speziellen Wassers aus der Erde, das Kauen besonderer Blätter oder das Inhalieren verbrannter Pflanzen sowie das Aufnehmen oder Einölen mit speziellen Kräutern oder Breizubereitungen erlangt haben.

Während den Frauen im Altertum nachgesagt wurde, dass Götter wie die Erdmutter Gaia, der Himmelsgott Zeus und der Sonnengott Apoll durch sie sprachen, setzen moderne Frauen diese Tradition fort, indem sie behaupten, dass der Geist nichtkörperlicher Wesen sie durchdringe. Deren Namen lauten Seth, Orin, Ramtha, Pleiaden, Jungfrau Maria oder Emmanuel, und sie seien Freunde der Menschheit.

In *What the Bleep Do We (K)now!?* channelt JZ Knight den Geist eines 35.000 Jahre alten Kriegers mit Namen Ramtha. Mit Hilfe eines EEG beobachteten die Psychologen Ian Wickramasekera und Stanley Krippner von der Saybrook Graduate School, dass sich JZ Knights Gehirnstromaktivität während ihrer Kontaktaufnahme zu Ramtha auf tiefere Frequenzen umstellte. Ihr Kleinhirn schien dabei ihre Körperfunktionen zu übernehmen. Diese wissenschaftlichen Erkenntnisse bestätigen allmählich, dass sich einige Behauptungen nicht-rationaler Wissensfindung durch sichtbare Effekte begründen lassen. Diese Art der Forschung kann helfen, modernistisch eingestellten Gemütern neue Wege aufzuzeigen.

Kein einzelner Weg der Wissensfindung ist für dieses unermessliche und komplexe Universum angemessen. Jeder Weg hat seine eigenen Stärken, um verschiedene Facetten des Universums kennen zu lernen.

Alle diese verschiedenen Wege - rationale Empirie, Intuition, mystisches Bewusstsein, ein aufgeschlossener Geist - müssen zusammenarbeiten, um uns für ein solch unermessliches und tiefes Universum zu öffnen.

QUELLE: Mehr Informationen zu Barbara Alice Mann und ihrer Arbeit über die *Spiritualität der amerikanischen Ureinwohner und deren Verbreitung* auf *http://www.english.utoledo.edu/faculty/barbaramann/*
Mehr zu *Delphi* und *Cumae* auf:
http://www.dreamscape.com/morgana/desdemon.htm#DELPHI
Testen Sie Ihre eigenen psychischen Fähigkeiten beim ‚Institute of Noetic Sciences' unter *www.psiarcade.com*
Information zu *"The Implications of Alternative and Complementary Medicine for Science"* und *„The Scientific Process"* von Marilyn Schlitz finden Sie auf:
http://www.sfms.org/sfm/sfm1003b.htm
Wissenschaftliche Forschungsergebnisse über psychische Phänomene finden Sie auf der Internetseite des ‚Institute of Noetic Sciences' bei *www.noetic.org*.

?

Kann Realität jemals vollständig erfasst werden?
In welchem Kontext ist es klug, der Wissenschaft zu vertrauen?
Der Intuition? Dem Instinkt?
Wie beeinflusst unsere Art, Wissen zu erlangen, die Welt und die Grenzen des Erkennens?
Wie können wir die Wege des nicht-rationalen Wissens anhand ihrer eigenen Begriffe bewerten und beurteilen?

Wie verändern sich Paradigmen?

„Ein wichtiges Paradigma zu ändern, bedeutet, unsere Definition dessen zu ändern, was möglich ist." Mark B. Woodhouse

Wir befinden uns an der Schwelle eines „großen Einschnitts" in der Geschichte. Die Zukunft unseres Planeten ändert sich wohl abhängig davon, welches Paradigma überwiegen wird. Als Einstein sagte: „Man kann ein Problem nicht auf der gleichen Ebene lösen, auf dem es entstanden ist", bezog er diese Aussage auf Paradigmen. Was macht den Wandel von Paradigmen möglich?

Weltauffassungen entstehen, um Probleme zu lösen. Dabei muss der Großteil einer Bevölkerung über ein abstraktes Verständnis hinaus begreifen, dass die übliche Art des Denkens nicht geeignet ist, anstehende Probleme zu bewältigen. Eine neue Weltanschauung kann nicht einfach durch die Unterdrückung kritischer Stimmen oder durch das Entfachen hitziger Diskussionen entstehen.

Unsere Herausforderung besteht in der Entwicklung unserer Möglichkeiten, rationale und nicht-rationale Wege des Wissens miteinander zu kombinieren und die Sensibilität unserer Wahrnehmung zu steigern. Dadurch werden wir mehr vom Universum begreifen und an diesem Prozess in enger Verbundenheit teilhaben. Es gibt keine Gebrauchsanleitung, um Paradigmen zu ändern und keinen Entwurf, nach dem wir uns richten könnten. Das Bedürfnis nach vollständigen Antworten ist ein Produkt vergangener Anschauungen. Die Akzeptanz des Ungewissen dagegen ist ein Schritt zu neuer Erkenntnis.

Ändert sich das Paradigma?

Paul Ray ist überzeugt, dass sich eine neue Weltanschauung in der Entstehung befindet. Er glaubt, dass die Kulturkreativen einen sehr großen Teil der Amerikaner, d.h. ca. 44 Millionen Menschen, ausmachen. Niemals zuvor haben mehr Menschen an der Geburt einer sozialen Revolution teilgenommen. Ray glaubt, dass bei dieser Gruppe

„gleichzeitig globale Kommunikations- und Transportsysteme vorhanden sind, die sich gegenwärtig in rasender Geschwindigkeit ändern. Die ‚neuen Wissenschaften' wie: Quantenphysik, ganzheitliche Biologie und die Komplexitätstheorie (mit ihrer Entdeckung der Nicht-Örtlichkeit, ökologischer Abhängigkeit und der sich selbst organisierenden Systeme) demontieren bereits die alten, modernistisch geprägten Paradigmen.

Zusätzlich trägt ein ganzes Heer sich neu formierender Bewegungen, wie der humanistischen Psychologie, den Öko-Wissenschaften, dem Feminismus und einer aufkommenden, psychospirituellen Bewusstseinsrevolution zu einer Kultur bei, die weit über die heutige Moderne hinausgeht. Sie sind Teile einer breiten sozialen Bewegung und einer sich neu gestaltenden Welt. Diese Veränderung geschieht direkt vor unseren Augen, hier im letzten Abschnitt des 20. Jahrhunderts. Um es kurz zu sagen: Alle Bestandteile für eine vollständige, in sich stimmige Kultur sind bereits vorhanden."

Der anerkannte Soziologe Robert Bella fasst es so zusammen:

> *„Wir sehen möglicherweise den Beginn einer Wiedereingliederung unserer Kultur, eine neue Aussicht auf die Einheit unseres Bewusstseins. Wenn das der Fall ist, wird dies nicht auf der Grundlage einer Rechtgläubigkeit im wissenschaftlichen oder religiösen Sinne geschehen. Diese Wiedereingliederung wird auf der Ablehnung eines eindeutigen Verständnisses von Realität oder Identifikation mit lediglich einem Konzept von Realität beruhen. Sie wird die Vielfältigkeit des menschlichen Geistes und die Notwendigkeit der Übersetzung zwischen wissenschaftlichem und neu erfundenem Vokabular erkennen. Diese Wiedereingliederung wird die menschliche Neigung zu einer wörtlich genommenen Interpretation der Welt erfassen und daher auch die Dringlichkeit begreifen, immer wieder zu einer neuen Erde und einem neuen Himmel aufzubrechen. Sie wird begreifen, dass wir in Wissenschaft und religiöser Kultur nichts weiter als Symbole haben und dass ein enormer Unterschied zwischen einem toten Buchstaben und einer lebendigen Welt besteht."*

?

An welchem Punkt wurde Ihre Weltsicht radikal erweitert oder verändert?
Was ist Ihrer Ansicht nach nötig, um ein vorherrschendes Paradigma zu ändern?
Was hilft Ihnen, mit der bestehenden Ungewissheit umzugehen?

Gruppenaktivitäten

Paradigma-Party

(1) Die Gruppe beginnt mit der gemeinsamen Ausarbeitung einer möglichen neuen Weltanschauung, indem sie entscheidet, wie die folgenden Sätze ergänzt werden könnten:

________________________ hat die Welt erschaffen.

Wir sind auf dieser Erde, weil ________________________

Der Sinn unseres Daseins besteht darin, ________________________

Wenn uns das gelingt, dann ________________________

Sollten wir scheitern, dann ________________________

Das Gute und das Schlechte in der Welt sind eine Folge von

____

Es ist wichtig für uns, die Natur ________________________

Es ist wichtig für uns, uns gegenseitig ________________________

Es ist wichtig für uns, die Kraft, die diese Welt erschaffen hat, zu

____

(2) Jetzt, da Sie Ihre eigene Weltsicht erarbeitet haben, erzählen Sie eine Geschichte, die dieses gemeinsame Paradigma veranschaulicht: Jede der im Kreis befindlichen Personen fügt nacheinander eine Episode zu dieser Geschichte hinzu. Die entstandene Geschichte reflektiert jene Weltanschauung, die Sie gerade erschaffen haben. Die folgende Struktur hilft Ihnen eventuell bei der Gestaltung dieser Geschichte:

- Wer sind die Protagonisten? Was wollen sie?
- Wie bekommen sie, was sie sich wünschen?
- Überwinden sie dabei Hindernisse? Wenn ja, wie?
- Wie sieht das mögliche Ergebnis aus?

Sich selbst kennen lernen

Legen Sie einen Gegenstand in die Mitte des Kreises. Nehmen Sie sich einige Augenblicke Zeit, um sich in verschiedener Weise damit vertraut zu machen und nehmen Sie dabei wahr, was die einzelnen Handlungen in Ihnen auslösen.

(1) Untersuchen Sie die physikalischen Eigenschaften des Gegenstands – schätzen Sie sein exaktes Gewicht, seine Größe, seinen Umriss, seine Materialbeschaffenheit, seine Dichte etc. Notieren Sie, was Sie empfinden.

(2) Sehen Sie den Gegenstand mit dem Wissen an, dass er nicht fest, sondern größtenteils leer und in seiner Existenz pulsierend ist. Und in der Erkenntnis, dass er von Ihnen in gewisser Weise ebenso beeinflusst wird wie Sie von ihm. Notieren Sie, was Sie empfinden.

(3) Sehen Sie sich den Gegenstand an, ohne ihn zu bewerten, ohne seine Umrisse zu berühren, nur seine Dichte spürend. Versuchen Sie, sich ihm mit all Ihrer Aufmerksamkeit zu nähern und in ihn hineinzukriechen, bis Sie das Gefühl haben, dass Ihr eigener Körper einige seiner Qualitäten annimmt. Notieren Sie, was Sie empfinden.

(4) Konzentrieren Sie sich auf den Gegenstand und entdecken Sie, was er in Ihnen auslöst und bewegt, was er Sie denken und fühlen lässt. Schreiben Sie ein kurzes Gedicht über ihn. Notieren Sie, was Sie dabei empfinden.

Teilen Sie Ihre Erfahrungen mit der Gruppe.

Individuelle Aktivitäten

Eine Welt voller Ansichten

Alles, was wir tun und sagen, ist Ausdruck unserer Anschauungen über die Welt. Die im Verborgenen liegenden Ansichten aufzuspüren, kann zu neuen Erkenntnissen und einem tieferen Verständnis führen.

Versuchen Sie, im Laufe eines Tages jenen Annahmen auf den Grund zu gehen, die Ihre eigenen Handlungen und die anderer Personen beeinflussen. Beziehen Sie dabei in jedem Fall Menschen mit ein, die sie als unangenehm empfinden. Fragen Sie sich, an was diese Personen glauben müssen, um so zu sein, wie sie sind, und um so zu handeln, wie sie handeln. Erweitern Sie Ihre Untersuchung auf jene Vorstellungen, die andere Nationen oder Kulturen vertreten. An was müssen z. B. China, der Sudan, die USA, Israel oder Palästina glauben, um sich so zu verhalten, wie sie sich verhalten?

Identifizieren Sie Ihre eigene Weltsicht

Um sich ein besseres Bild von Ihrer eigenen Weltanschauung machen zu können, ergänzen Sie bitte die nachfolgenden Aussagen:

____________________ hat die Welt erschaffen.

Ich bin auf der Erde, weil ____________________

Der Sinn meiner Existenz besteht darin ____________________

Wenn es mir gelingt, dann ____________________

Wenn ich scheitere, dann ____________________

Das Gute und das Schlechte auf dieser Welt sind eine Folge von

____

Für mich ist es wichtig, die Natur ____________________

Für mich ist es wichtig, andere Menschen ____________________

Für mich ist es wichtig, die Kraft, die diese Welt erschaffen hat, zu

____

Zitate

„Umfassende, ganzheitliche, wohlmeinende Ansichten ... können nicht erlangt werden, indem man in einer eigenen kleinen Ecke der Erde vor sich hin vegetiert." Mark Twain

„Die Dogmen einer ruhigen Vergangenheit passen nicht mehr zur stürmischen Gegenwart. Dieses Ereignis ist mit Schwierigkeiten beladen, und wir müssen an diesem Ereignis wachsen. Da unser Fall neu ist, müssen wir ihm auch mit neuen Denk- und Handlungsweisen begegnen." Abraham Lincoln

„Es gibt nur eine bewundernswerte Form der Vorstellungskraft: jene Vorstellungskraft, die so stark ist, dass sie eine neue Realität kreiert – eine, die Dinge verändert." Sean O'Faolain

„Ich glaube daran, dass unbewaffnete Wahrheit und bedingungslose Liebe das letzte Wort in der Wirklichkeit haben werden. Deshalb ist das Recht, wenn auch zeitweise besiegt, stärker als das siegestrunkene Böse." Martin Luther King Jr.

„ ‚Realität' ist das einzige Wort [in der englischen Sprache], das man immer in Anführungszeichen setzen sollte." Unbekannt

„Um eine erfolgreiche Technologie zu entwickeln, muss man der Wirklichkeit den Vorrang vor der Öffentlichkeitsarbeit geben; die Natur lässt sich nicht täuschen." Richard Feynman

„Einsteins All ist nicht näher an der Realität als Van Goghs Himmel. Der Ruhm der Wissenschaft ist zwar in seiner Wahrheit nicht diktatorischer als die Wahrheit von Bach oder Tolstoi, dafür aber im Prozess seiner Erschaffung. Die Entdeckungen eines Wissenschaftlers nötigen dem Chaos dessen eigene Ordnung auf, genau wie dies ein Komponist oder Maler tut; eine Ordnung also, die sich nur auf begrenzte Aspekte der Realität bezieht und sich lediglich auf jenen Rahmen beruft, der dem Betrachter zur Verfügung steht. Dieser Rahmen ändert sich von Epoche zu Epoche, genau wie sich Rembrandts Nackte von einer Nackten Manets unterscheidet". Arthur Koestler, The Act Of Creation

„Sofern sich die Gesetzmäßigkeiten der Mathematik auf die Realität beziehen, sind sie nicht Gewissheit, und sofern sie gewiss sind, beziehen sie sich nicht auf die Realität." Albert Einstein

„Intuition ist die Quelle wissenschaftlicher Erkenntnis." Aristoteles

„Wenn etwas neu ist, sagen die Leute: ‚Das ist nicht wahr.' Später, wenn diese Wahrheit offensichtlich wird, sagen sie: ‚Das ist nicht so wichtig.' Zum Schluss, wenn diese Wichtigkeit nicht mehr geleugnet werden kann, sagen sie: ‚Na, das ist doch nichts Neues'."
William James

„Du lieber Himmel! Wie durcheinander heute alles ist! Und gestern war alles noch beim Alten. Ich frage mich, ob ich vielleicht diejenige bin, die sich über Nacht verändert hat. Lass mich nachdenken: War ich dieselbe, als ich heute Morgen aufwachte? Fast scheint es mir, als hätte ich mich ein wenig anders gefühlt."
Lewis Caroll, Alice im Wunderland

Zusätzliche Quellen:

Literatur

Berry, Thomas: *Dream of the Earth.* Harper Collins, 1993.

Brown, Harrison: *The Challenge of Man's Future.* MacMillan, 1954.

Conant, Jim und Haugeland, John (Hrsg.): *The Road Since Structure: Philosophical Essays by Thomas Kuhn, 1970–1993.* The University of Chicago Press, 2000.

De Quincey, Christian: *Radical Knowing: Exploring Consciousness through Relationship.* Inner Traditions, 2005.

Gebser, Jean: *The Ever-Present Origin.* Ohio University Press, 1993 (Dt. Ausgabe: *Ursprung und Gegenwart.* München: dtb, 1986).

Harman, Willis: *Global Mind Change.* Warner Books, 1988 (Dt. Ausgabe: *Bewusst-Sein im Wandel.* Freiburg i. Br.: Hermann Bauer, 2002).

Kuhn, Thomas S: *The Structure of Scientific Revolutions.* The University of Chicago Press, 1996 (Dt. Ausgabe: *Die Struktur wissenschaftlicher Revolutionen.* Sonderausgabe. Frankfurt a. M.: Suhrkamp, 2003).

Laszlo, Ervin: *Science and the Akashic Field.* Inner Traditions, 2004 (Dt. Ausgabe: *Zu Hause im Universum: eine neue Vision der Wirklichkeit.* Berlin: Allegria, 2005).

Macy, Joanna: *World as Lover, World as Self.* Parallax Press, 1991 (Dt. Ausgabe: *Die Wiederentdeckung der sinnlichen Erde: [Wege zum ökologischen Selbst].* Zürich/München: Theseus, 1994).

Mann, Barbara Alice: *Iroquoian Woman: the „Gantowisas".* New York: Peter Lang, 2000.

Polak, Fred: *The Image of the Future.* Oceana Publications, 1961.

Schlitz, Marilyn, Amorok, Tina und Micozzi, Marc S.: *Consciousness and Healing: Integral Approaches to Mind-Body Medicine.* Elsevier Churchill Livingston, 2005.

Sorokin, Pitirim: *The Crisis of Our Age.* E. P. Dutton, 1941 (Dt. Ausgabe: *Die Krise unserer Zeit: Ihre Entstehung und Überwindung.* Frankfurt a. M.: Henrich, 1950).

Sorokin, Pitirim: *Social and Cultural Dynamics.* Bedminster Press, 1993.

Swimme, Brian: *The Hidden Heart of the Cosmos: Humanity and the New Story.* Orbis, 1999 (Dt. Ausgabe: *Das verborgene Herz des Kosmos: der Mensch im Einklang mit dem Universum.* München: Claudius, 1997).

Tarnas, Richard: *The Passion of the Western Mind.* Harmony Books, 1991 (Dt. Ausgabe: *Das Wissen des Abendlandes: die Weltbilder Europas im Wandel der Zeiten.* Düsseldorf: Albatros, 2006).

Woodhouse, Mark: *Paradigm Wars: Worldviews for a New Age.* Frog Ltd., 1996.

KAPITEL II

Quanten-Realität

Was sagt uns die Quantenphysik über die Beschaffenheit der Realität?
Was sagt sie uns über das Wesen des Bewusstseins?
Welchen Einfluss haben diese Erkenntnisse auf unser Leben?

„Die Dinge sind nicht so, wie sie scheinen. Aber auch nicht anders."

Aus dem Lankavatara Sutra

„Die Quantenphysik gibt uns zu verstehen, dass ‚die Welt sehr groß und sehr mysteriös ist. Quanten-Mechanik (mechanism) ist nicht die Antwort darauf, aber ich werde dir auch nicht sagen, wie sie lautet.' "

Aus *What the Bleep Do We (K)now!?*

Ein Basketball erscheint an zehn Orten gleichzeitig. Amanda sieht sich durch die Augen jener Person, zu der sie selbst geworden ist. Die Zeit steht still, Teilchen werden zu Wellen. *What the Bleep Do We (K)now!?* lädt uns ein, unsere Gedankenwelt um die verblüffenden Erkenntnisse der Quantenphysik zu ranken und die Möglichkeit in Betracht zu ziehen, dass Dinge nicht so sind, wie sie scheinen. Das Lankavatara Sutra sagt, sie seien aber auch nicht unbedingt anders. Tatsächlich sind der Quantenphysik zufolge Dinge noch nicht einmal „Dinge" – sie sind eher Möglichkeiten.

Der Physiker Amit Goswami meint dazu: „Sogar die materielle Welt, die uns umgibt - die Stühle, Tische, der Raum, der Teppich, eingeschlossen die Kamera - alle diese Dinge sind nichts als mögliche Bewegungen des Bewusstseins." Was sollen wir damit anfangen? „Diejenigen, die beim ersten Kontakt mit Quantentheorie nicht geschockt sind, können sie nicht wirklich verstanden haben", bemerkt Niels Bohr, Pionier der Quantenphysik.

Bevor wir uns der Bedeutung der Quantenmechanik zuwenden, sollten wir zunächst sicherstellen, dass wir die Theorie begriffen haben.

Was ist Quantenmechanik?

Quantenmechanik, eine der letzten Entwicklungen in der Wissenschaft, um den Durst nach Verständnis der physikalischen Realität zu stillen, ist eine genaue mathematische Beschreibung des Verhaltens von Elementarteilchen. Sie ist die seit 70 Jahren am häufigsten verwendete wissenschaftliche Methode, um physikalische Realität zu beschreiben. Bisher trafen alle ihre experimentellen Voraussagen mit einem erstaunlichen Maß an Genauigkeit zu.

Um zu begreifen, warum die Quantenmechanik Wissenschaftler noch immer erstaunt und irritiert, müssen wir etwas von der historischen Entwicklung physikalischer Theorien verstehen. Wir sind uns bewusst, dass dieser kurze Überblick eine lange und wechselvolle Geschichte etwas vereinfacht. Wir legen den Beginn der Physik als einer Wissenschaft auf den Zeitpunkt fest, als u.a. Isaac Newton die Mathematik als Werkzeug zur genauen Beschreibung der zu untersuchenden Welt entdeckte. Heute bezeichnet man die Newton'sche Physik als klassische Physik; zusammengefasst ist die klassische Physik eine mathematische Formel des gesunden Menschenverstands. Sie geht von vier prinzipiellen Annahmen über die Beschaffenheit von Realität aus, die sich mehr oder weniger mit den Eindrücken unserer Sinne beim Betrachten der Welt decken.

Diese Annahmen sind: Realität, Ort, Kausalität und Kontinuität.

- **Realität** bezieht sich auf die Annahme, dass die physische Welt objektiv gesehen real ist. Das bedeutet, dass die Welt unabhängig von der Tatsache existiert, ob sie jemand gerade ansieht. Es wird vorausgesetzt, dass Raum und Zeit in einem festen, absoluten Rahmen existieren.

- **Örtlichkeit** bezieht sich auf die Vorstellung, dass Objekte nur durch einen direkten Kontakt beeinflusst werden können. Anders gesagt: ein indirekter Kontakt aus der Ferne ist nicht möglich.
- **Kausalität** geht davon aus, dass Zeit sich nur in eine Richtung bewegen kann. Damit wird der Prozess von Ursache und Wirkung auf eine Reihenfolge festgelegt.
- **Kontinuität** bezieht sich auf die Annahme, dass es keine sprunghaften Abläufe in der Natur gibt, dass Raum und Zeit gleichmäßige Größen sind.

Die klassische Physik entwickelte sich auf Grund dieser Annahmen sehr rasch. Die klassischen Annahmen über die Abläufe in der Welt genügen auch immer noch, um große Teile unserer sichtbaren Welt zu erklären, so z. B. in der Chemie, der Biologie und in den Neurowissenschaften. Die klassische Physik brachte uns auf den Mond und wieder zurück. Sie funktioniert für die meisten Dinge auf der menschlichen Skala. Sie vertritt den gesunden Menschenverstand.

Eine seltsame Wissenschaft

Die klassische Physik beschreibt aber nicht, wie das Verhalten aller sichtbaren Vorgänge, insbesondere des Lichts - und des Elektromagnetismus überhaupt - funktioniert. Abhängig von der Art der Messung kann Licht die Eigenschaft von Teilchen oder von Wellen aufweisen. Teilchen sind wie Billardbälle. Sie sind einzelne Objekte an definierten Orten des Weltalls. In gewissem Sinne gelten sie als hart. Wenn man sie mit großer Kraft gegeneinanderschleudert, tendieren sie zur gegenseitigen Zerstörung. Dabei setzen sie grell aufleuchtende Energien frei. Dagegen verhalten sich Wellen wie Bewegungen des Wassers. Sie besitzen keinen fest definierten Ort, sondern dehnen sich aus. Sie sind weich in dem Sinne, dass sie ohne Vernichtung miteinander in Kontakt treten können.

Diese wellenartige Eigenschaft hat auch die Idee des Quanten-Überlagerungsprinzips hervorgerufen. Dies bedeutet, dass ein Objekt sich in einer Mischung aus verschiedenen möglichen Zuständen befinden kann. Dieser unbestimmte, gemischte Zustand des Objekts unterscheidet sich radikal von allen Objekten, die uns bisher bekannt sind. Normalerweise existieren Objekte nur in klar definierten Zuständen. Gemischte Zustände können dagegen sogar viele Objekte beinhalten, die alle nebeneinander existieren oder miteinander verwoben sind.

Wie kann es sein, dass in der Realität Wellen- und Teilchenstrukturen zur gleichen Zeit existieren? In den ersten Jahrzehnten des zwanzigsten Jahrhunderts wurde eine neue Theorie, die Quantenmechanik, entwickelt, um der Wellen-/Teilchen-Eigenschaft von Licht und Materie Rechnung zu tragen. Diese Theorie konnte nicht nur für die Beschreibung von Elementarteilchen in außergewöhnlichen Zuständen verwendet werden, sondern stellte auch eine bessere Möglichkeit zur Beschreibung der physikalischen Realität dar. Einsteins Relativitätstheorie veränderte auch die Newton'sche Sichtweise über die Struktur von Realität, in dem sie zeigte, in welcher Weise grundlegende Konzepte von Masse, Energie, Raum und Zeit miteinander in Beziehung stehen.

Die Relativitätstheorie kann nicht nur auf kosmische Zusammenhänge und Objekte, die sich an der Grenze zur Lichtgeschwindigkeit bewegen, angewendet werden. Sie bezieht sich auch auf die grundlegenden Strukturen unserer Realität. In der Summe sagen uns die Physiker, dass die Welt des gesunden Menschenverstands nur einen kleinen, begrenzten Teil einer viel größeren, mysteriösen Realität sichtbar machen kann.

Die Grundlagen der Quantentheorie

Die Koexistenz von Welle und Teilchen

Elektronen können sich wie Wellen oder Teilchen verhalten. Als Wellen haben die Elektronen keinen festen Ort, sondern existieren als „Wahrscheinlichkeitsfelder". In ihrer Eigenschaft als Teilchen reduziert sich das „Wahrscheinlichkeitsfeld" auf ein festes Objekt an einem bestimmten Ort und zu einer bestimmten Zeit. Nicht gemessene und nicht beobachtete Elektronen verhalten sich anders als gemessene Elektronen. Werden sie nicht gemessen, verhalten sich Elektronen wie Wellen. Werden sie gemessen, verhalten sie sich wie Teilchen. Im Grunde besteht die gesamte Welt aus Elementarteilchen, die sich auf diese eigenartige Weise verhalten.

Wer oder was ist der Beobachter, der den Ort der Teilchen bestimmt?
Gibt es einen „ultimativen" Beobachter?
Können wir diesen Beobachter bewusst wahrnehmen?
Was, glauben Sie, würden wir sehen, wenn wir die Welt durch die Augen dieses ultimativen Beobachters anschauen würden?

Heisenbergs Unschärferelation

In der klassischen Physik sind alle Eigenschaften eines Objekts messbar. Nicht so in der Quantenphysik. Man kann die Wirkung eines einzelnen Elektrons sehr genau messen, allerdings nicht ohne dabei auch einige Ungenauigkeiten bezüglich einer anderen Quanteneigenschaft zu produzieren. Quanteneigenschaften treten immer als Paar auf. Wenn zwei Eigenschaften diese besondere Beziehung haben, kann man sie unmöglich beide zur gleichen Zeit in präziser Form messen. Heisenbergs Unschärferelation (auch bekannt als Unbestimmtheitsrelation) besagt, dass man für die genaue Messung einer bestimmten Position des Teilchens automatisch die exakte Messung seines Bewegungsimpulses opfern muss und umgekehrt. Diese Beziehung der Heisenberg'schen Art gilt für alle dynamischen Qualitäten der Elementarteilchen, und es bedeutet, dass alle diese Experimente (die die mikroskopische Welt betreffen), ein gewisses Maß an Nicht-Wissen beinhalten.

?

Wie werden wir von den Beobachtungen anderer beeinflusst?
Beeinflusst jeder Beobachter die Welt auf die gleiche Art?
Was verursacht die Unterschiede?

Bells Lehrsatz und die Nicht-Örtlichkeit

„Örtliche Realität" ist eine Realität, die von den Gesetzen der klassischen Physik regiert wird. In der Örtlichen Realität können die verschiedenen Einflüsse nicht schneller als das Licht sein. 1964 demonstrierte der irische Physiker John Stewart Bell, dass jedes Modell einer Realität, soweit es mit der Quantentheorie in Einklang steht, nicht-örtlich sein muss. Damit die Quantenphysik funktioniert, muss eine Information nicht nur schneller als das Licht sein, sie muss auch unverzögert wirken können.

?

Wenn alles im Universum jederzeit mit allem sofort kommunizieren kann, wie wird dann festgelegt, welche Informationen wir tatsächlich erhalten?
Was sind die Schlussfolgerungen der Nicht-Örtlichkeit?
Wie könnten wir die Welt betrachten?
Wie würde das unser Leben verändern?

Die Theorie der Nicht-Örtlichkeit geht davon aus, dass alles im Universum durch Informationen verbunden ist, und zwar augenblicklich, egal wo sie auftauchen.

Diese neuen Theorien haben alle Annahmen der klassischen Physik systematisch herausgefordert.

- Die **Realität** entschwand wie die Cheshire-Katze. Wir wissen jetzt, dass die grundlegenden Erscheinungen der physikalischen Welt keine festen Größen sind. Die Welt kann sich auf subtile Weise verändern. Es ist nur abhängig davon, wie wir sie zu betrachten wünschen. Die Objekte, denen wir im täglichen Leben begegnen, zeigen keine offensichtlichen Quanteneffekte, da die Eigenartigkeit der mikroskopischen Welt wirkungsvoll von den unzähligen Wechselwirkungen unserer Umwelt abgefedert wird. In der Tat sind die klassischen Beschreibungen der Natur oft ausreichend, um nüchternen Belangen dienlich zu sein. Aber diese Beschreibungen bedeuten nur eine Annäherung an die grundlegendere Welt der Quantenphysik. Dabei bleibt die Möglichkeit bestehen, dass einige dieser Beobachtungen auf subtile Art auch in klassische Domänen Eingang finden.
- **Örtlichkeit** wurde durch Nicht-Örtlichkeit ersetzt. Objekte, die eigentlich getrennt erschienen, sind ohne Zeitverzögerung durch Raum und Zeit verbunden. Die Nicht-Örtlichkeit bestreitet, dass es keine indirekte Wirkung aus der Ferne geben kann. Diese Wirkung ist sogar notwendig.
- **Kausalität** hat sich aufgelöst, da die fixe Zeitachse eine Illusion ist. Diese Zeitachse war ein Missverständnis, das durch die klassische Annahme eines absoluten Raums und einer absoluten Zeit Bestand hatte. Wir wissen jetzt, dass der Ablauf der Ereignisse von der Perspektive des Betrachters (dem Bezugsrahmen) abhängt.
- **Kontinuität** ist verschwunden, da wir nun wissen, dass es einige Unregelmäßigkeiten in der Struktur von Realität gibt. Raum und Zeit sind weder gleichförmig noch benachbart.

Wann hat sich Ihre Erfahrung von Realität radikal verändert? Und wie?
Wie hat Sie diese Erfahrung beeinflusst?
Wie wäre es, wenn man Quantenphysik nicht nur mit dem Verstand erfassen, sondern auch mit den Sinnen fühlen könnte? Was wären die Auswirkungen?

AUFGABE

Sehen Sie sich um. Stellen Sie sich vor, dass das, was Sie sehen, nur die Spitze eines Eisbergs ist, ein „speziell begrenzter Teil einer größeren Struktur von Realität."

Schauen Sie dorthin, wo nichts zu sein scheint und stellen Sie sich vor, dass sich der leere Raum mit den unterschiedlichsten Möglichkeiten verbindet. Schauen Sie dahin, wo etwas zu sein scheint und stellen Sie sich vor, dass das, was solide und fest erscheint, zum Großteil ein leerer Raum ist. Fassen Sie Ihre Hände an. Stellen Sie sich vor, dass diese Hände aus Quanten bestehen, aus Teilchen/Wellen, die in die Existenz hinein- und hinausspringen. Denken Sie darüber nach, wie sich ihre Hände in der Quantensprache mit der übrigen Welt verständigen. Was stellen Sie fest?

Was bedeutet das?

Was bedeutet die Aussage „Wir wissen etwas"? Sie bedeutet, dass theoretische Voraussagen gemacht wurden, die auf mathematischen Modellen beruhen und diese wiederholt in Experimenten bewiesen wurden. Sollte sich das Universum innerhalb dieser Theorien verhalten, haben wir in der Tat Grund zu der Annahme, dass der gesunde Menschenverstand nur eine spezielle, begrenzte Perspektive eines wesentlich größeren Universums darstellt.

Das Bild einer von Relativitätstheorie und der Quantenmechanik gezeichneten Realität ist so weit vom gesunden Menschenverstand entfernt, dass sie Probleme bei der Interpretation mit sich bringt. Die Mathematik dieser Theorien ist präzise und die Voraussagen funktionieren hervorragend. Aber die Mathematik dann auch in menschliche Begriffe zu übersetzen - besonders bezüglich der Quantenmechanik - bleibt außerordentlich schwierig.

Als jene Wissenschaftler, die die Quantenphysik entwickelt hatten, ernsthaft über die Konsequenzen ihrer Ergebnisse nachdachten, reagierten Sie auf die verwirrenden Schlussfolgerungen mit Ehrfurcht und Schrecken. Heute glauben viele Wissenschaftler, dass eine angemessene Erklärung der Realität in Bezug auf Quantenmechanik und deren Zuverlässigkeit - Science-Fiction hat uns mit der WARP-Geschwindigkeit von Raumschiffen vertraut gemacht -

ein radikales Überdenken des so genannten gesunden Menschenverstandes nötig macht. Und es gibt sowohl theoretische als auch praktische Anhaltspunkte dafür, dass die Aussagen bezüglich der Realität, der Örtlichkeit, der Kausalität oder der Kontinuität entweder zum Teil oder im Ganzen unzutreffend sind.

Aufgrund der anhaltenden Verunsicherung bei der Interpretation der Quantenmechanik weigern sich einige Physiker zu glauben, dass die Realität – im Vergleich zum gesunden Menschenverstand – derart verwirrend, verschachtelt oder unwahrscheinlich sein kann. Und so halten sie – genau wie Einstein – daran fest, dass die Quantenmechanik unvollständig sein muss. Dass, wenn der Fehler einmal gefunden ist, die klassischen Annahmen wieder gelten und alle Merkwürdigkeiten der Quantenphysik verschwinden. Außerhalb der Quantenphysik gibt es einige Physiker und manchmal auch einen versprengten Philosophen, die sich darüber Gedanken machen, aber die meisten von uns verwenden nicht viel Zeit auf die Beschäftigung mit Quantenmechanik.

Wenn wir es einmal tun, gehen wir davon aus, dass sie keinen Einfluss auf unsere eigenen Belange hat. Das ist durchaus verständlich, und reicht in den meisten Fällen auch für unsere praktischen Zwecke. Aber wenn es darum geht, die Beschaffenheit von Realität zu verstehen, sollten wir im Auge behalten, dass Quantenmechanik die fundamentalen Bausteine der Natur beschreibt. Auch die klassische Welt besteht aus diesen Bausteinen, ob wir diese nun sehen können oder nicht.

Die miteinander konkurrierenden Interpretationen in der Quantenmechanik unterscheiden sich im Prinzip hauptsächlich darin, welche Annahmen des gesunden Menschenverstands dafür möglichst geopfert werden sollten. Einige der am weitesten verbreiteten Interpretationen der Quantenmechanik sind:

- Kopenhagener Interpretation
- Ganzheitsprinzip
- Viele Welten
- Quantenlogik
- Neorealismus
- Erschaffen der Realität durch Bewusstsein
  (die im Film *What the Bleep!?* vertretene Interpretation)

- **Kopenhagener Interpretation** – Dies ist die orthodoxe Form der Interpretation von Quantenmechanik, vertreten vom dänischen Physiker Niels Bohr. (Als Kopenhagener Interpretation bezeichnet, da Bohrs Institut dort ansässig ist). In stark vereinfachender Weise gesagt, geht die Theorie davon aus, dass es keine bis ins Letzte erforschbare Realität gibt. Man könnte diese Interpretation auch so verstehen, dass hier ein Ansatz zum Prinzip „Frag nichts – sag nichts" besteht. Das ermöglicht die Anwendung von Quantenmechanik, ohne sich deren Bedeutung zu stellen. Bohr zufolge sagt Quantenmechanik nichts aus, jedenfalls nicht im Rahmen einer normalen menschlichen Größenordnung.

- **Ganzheitsprinzip** – Nach Ansicht von Einsteins Protegé David Bohm zeigt die Quantenmechanik, dass die Realität ein untrennbares Ganzes ist, bei dem alles in tiefer Weise miteinander verbunden ist. Dabei werden alle gewöhnlichen Grenzen von Raum und Zeit überschritten.

- **Viele Welten** – Der Physiker Hugh Everett vertrat die Auffassung, dass durch die Anwendung von Quantenmessung jedes mögliche Ergebnis mit einer größtmöglichen Wirklichkeitstreue dargestellt werden kann. Aber durch den Prozess der realitätsnahen Darstellung zerfällt das Universum in genauso viele Versionen seiner selbst wie auch benötigt werden, um allen Möglichkeiten der Messergebnisse Rechnung zu tragen. Dann wäre jedes einzelne aus den Messergebnissen hervorgegangene Universum ein in sich abgeschlossenes Universum. Bekannte Fernsehserien wie *Sliders* und einige Szenen aus *What the Bleep!?* machen sich diese Ideen zunutze.

- **Quantenlogik** – Diese Interpretation besagt, dass Quantenmechanik vielleicht deshalb so rätselhaft ist, weil die logischen Elemente unseres gesunden Menschenverstandes durch die Quantenrealität einfach zusammenfallen. Der Mathematiker John von Neumann entwickelte eine „Wellen-Logik", die einige Teile der Quantentheorie begründen konnte, ohne dabei die klassischen Konzepte vollständig außer acht zu lassen. Das Konzept der Quantenlogik wurde vor allem von Philosophen energisch weiterverfolgt.

- **Neorealismus** – Diese Position wurde von Einstein angeführt. Er weigerte sich, jene Interpretationen zu akzeptieren – einschließlich der Kopenhagener –, die davon ausgehen, dass die Realität des gesunden Menschenverstandes nicht existiert. Die Neorealisten vertreten die Auffassung, dass die Realität aus Objekten besteht; so wie es auch aus der klassischen Physik bekannt ist. Gerade die bestehenden Paradoxien in der Quantenmechanik legen den Schluss nahe, dass es offenbar noch Unzulänglichkeiten darin gibt. Einsteins Ansicht ist auch als ‚Interpretation der versteckten Variablen' bekannt. Sie geht davon aus, dass die Paradoxien verschwinden, wenn alle noch fehlenden Faktoren gefunden werden.

- **Erschaffen der Realität durch Bewusstsein** – Diese Interpretation vertritt in extremer Weise die Idee, dass der Vorgang des Messens, oder möglicherweise sogar das menschliche Bewusstsein, Hand in Hand mit der Formung von Realität geht. Das verschafft dem Vorgang des Beobachtens eine besondere Verantwortung bei der Blockierung des Möglichen zum Tatsächlichen. Viele, aber auch nicht alle der etablierten Physiker, betrachten diese Interpretation als ein Wunschdenken der New-Age-Bewegung. Einige Physiker haben sich mit diesen Gedanken angefreundet und haben erklärende Variationen der Quantentheorie entwickelt, die sich diesen Ideen anpassen.

Welche der Interpretationen sagt Ihnen am meisten zu?
Haben Sie andere mögliche Interpretationen?
Was sind aus jeder dieser Interpretationen die Schlussfolgerungen für die Welt?
Wie würde jede dieser Interpretationen Ihr Leben verändern?
Worauf gründen Sie Ihre Wahl bei der Entscheidung für eine Interpretation?

Es sollte betont werden, dass es im Moment niemanden gibt, der Quantenmechanik vollkommen verstanden hat. Daher gibt es keine vorherrschende Meinung darüber, welche Interpretation die am meisten Zutreffende ist.

Experimentelle Tests zu „Geist trifft Materie"

Eine Annäherung daran, welche der Quantenrealitäten sich näher an der Wahrheit befindet, wäre das Einbeziehen von immer wieder auftretenden Anomalien. Diesen Phänomenen hat die klassische Physik bisher keine besondere

Beachtung geschenkt. Diese Lücke könnte durch die Quantenphysik geschlossen werden. In der Vergangenheit wurde bei allen Kulturen immer wieder von psychischen und mystischen Experimenten berichtet. Laborexperimente, die versuchten, Auswirkungen auf die Psyche zu zeigen, wurden bereits seit Ausgang des 19. Jahrhunderts vorgenommen. Diese Bemühungen dauern bis heute an. Das ‚Institute of Noetic Sciences' hat ein Labor eingerichtet, das sich mit der Erforschung von Bewusstsein beschäftigt.

Die gesammelten Beweise der Parapsychologie lassen vermuten, dass einige der psychischen Phänomene auf jeden Fall existieren. Viele Wissenschaftler glauben, dass es sich dabei um eine zweifelhafte Jagd nach Geistern handele, ausgeführt von dubiosen „paranormalen Detektiven". Das ist jedenfalls das Bild, das die mediale Öffentlichkeit gerne von der Parapsychologie zeichnet. Tatsächlich gibt es aber eine lange und bedeutende Geschichte von akademischen Wissenschaftlern, die diese Phänomene ernsthaft untersucht haben. Ihre Berichte wurden in Fachzeitschriften veröffentlicht.

Liest man diese Aufzeichnungen ohne Vorurteile, gibt es starke Indizien für den Besitz einer Fähigkeit, Informationen ohne Beteiligung unserer normalen Sinne zu erwerben. Diese Informationen können losgelöst von den üblichen Zwängen durch Raum und Zeit zu uns gelangen. Der Beweis bleibt umstritten, da diese Effekte nicht unter den Bedingungen der klassischen Physik entstehen können. Nur die Raum-Zeit-Flexibilität, die Nicht-Örtlichkeit und nicht-kausalen Verbindungen in der Quantenphysik machen solche Phänomene sichtbar.

Die Daten der Parapsychologie ermöglichen neue Ansatzpunkte für die Interpretation verschiedener Quantenrealitäten. Bohms „Ganzheitsprinzip", bei dem alles mit allem letztendlich verbunden ist, scheint besonders geeignet, um die bisher rätselhaften psychischen Phänomene der Parapsychologie zu erklären. Stellen Sie sich vor, dass unsere Gehirne auf einer tieferen Ebene der Realität in enger Verbundenheit mit dem Universum stehen – so wie Bohms Interpretation es vermuten lässt. Wenn es wahr wäre, was hätte dies für Auswirkungen in der Praxis? Sie könnten möglicherweise Einblicke und Informationen bezüglich der Gedankenwelt anderer Menschen, entfernter Objekte, der Zukunft oder der Vergangenheit erhalten. Sie würden diese Informationen nicht über Ihre normalerweise genutzten Sinne empfangen. Auch nicht, weil Signale anderer Gehirne oder anderer Objekte in irgendeiner Form die Reise zu ihrem Gehirn anträten. Sondern weil Ihr Gehirn bereits in Gemeinschaft mit anderen Gedankenwelten, Objekten und allem anderen existierte.

Um sich durch diesen psychischen Raum zu bewegen, müssten Sie Ihre Konzentration eher nach innen als nach außen richten. Dieser Ansatz könnte durch die Rolle des „aufmerksamen Bewusstseins" bei den Praktiken der Meditation unterstützt werden. Diese wird seit langem in Verbindung mit der Entwicklung von psychischen und mystischen Erfahrungen gebracht. Aus dieser Perspektive würden psychische Erfahrungen möglicherweise neu interpretiert werden. Sie würden dann nicht mehr als mysteriöse Kräfte des Geistes angesehen, sondern als momentane Einblicke in die Gesamtheit der Quanten, den Bauplan der Realität.

QUELLE: Mehr Informationen zur Wissenschaft der Parapsychologie finden Sie auf *www.parapsych.org*
Mehr Informationen zur Entwicklung der Intuition finden Sie auf *www.awakening-intuition.com* und *www.psicarcade.com*
Interview mit Francis Vaughan, Autor von Awakening Intuition, auf *www.intuition.org/idxtran.htm*

Das ‚Institute of Noetic Sciences' hat die Beziehung zwischen unserem Geist und der Welt der Quanten untersucht. Bei einem der Experimente versucht man, anhand eines hoch sensiblen optischen Apparats herauszufinden, ob geistige Aktivität direkt mit dem charakteristischen Welle-/Teilchen-Verhalten von Photonen interagiert. Ein anderes Experiment verwendet einen Zufallsgenerator, der untersucht, welche Richtung Photonen-Teilchen nehmen, wenn sie auf einen teilweise versilberten Spiegel treffen. Dieses Experiment versucht herauszufinden, ob unser Geist die Richtungs-„Entscheidung" der Photonen beeinflussen kann. Diese Experimente sind eine Fortsetzung jahrzehntelanger Studien von Wissenschaftlern auf der ganzen Welt, die die Rolle des Geistes in der physischen Welt erforscht haben. Im Ganzen betrachtet lassen diese Experimente vermuten, dass der Geist bis zu einem gewissen Grad die Materie beeinflussen kann. Bis jetzt wurde allerdings noch kein einfaches Modell zur Erklärung dieser Vorgänge gefunden. Die Antwort liegt wahrscheinlich in einem verbesserten Verständnis der Quantenrealität.

ÜBUNG

Setzen Sie sich gemeinsam mit einem Freund/einer Freundin entspannt hin und schließen Sie die Augen. Konzentrieren Sie sich auf ein Objekt, bis Ihr Geist relativ ruhig wird. Während Partner A die Augen noch geschlossen hat, denkt er/sie an ein Ereignis oder ein Bild, das sehr stark und präsent ist. Partner B nimmt dabei nur die eigenen Eindrücke oder Bilder wahr, die vor seinem geistigen Auge erscheinen und notiert diese dann. Danach sucht sich Partner A ein anderes Bild. Wiederholen Sie die Übung drei Mal und wechseln Sie dann die Rollen. Vergleichen Sie Ihre Antworten mit den tatsächlich entstandenen Bildern. Was stellen Sie fest?

Wissenschaft und Mystik

Hilft uns die Quantenmechanik dabei, das Bewusstsein zu verstehen? Wie kann sie unseren Verstand von der spirituellen Dimension der Experimente in Kenntnis setzen? Bei unseren Versuchen sollten wir daran denken, uns jenen Fragen zu stellen, die sich mit einer entstehenden Verwirrung bei der Vermischung von Metaphern und Mathematik auseinandersetzen. Es gibt mit Sicherheit Überschneidungen zwischen den mystischen Erfahrungen von Einheit und dem, was die Wissenschaftler als Quantenfelder beschreiben. Trotzdem weigerten sich viele Wissenschaftler - darunter Niels Bohr, Werner Heisenberg und Erwin Schroedinger - anzuerkennen, dass Physik und Mystik möglicherweise die gleichen Phänomene beschreiben. Max Planck sagt über den Versuch, diese beiden Dinge zusammenzubringen: „Das basiert auf einem Missverständnis oder genauer gesagt, auf einer Verwechslung von Bildern aus der Religion mit wissenschaftlichen Aussagen. Überflüssig zu sagen, dass diese Ergebnisse überhaupt keinen Sinn ergeben."

Es macht aber in jedem Fall Sinn, eine Aussöhnung zwischen Wissenschaft und Spiritualität anzustreben. Tom Huston schrieb in seiner Kritik zu *What the Bleep!?* in dem Magazin *What Is Enlightenment?* (http://www.wie.org/j27/what-the-bleep.asp):

„Was ist in unserer postmodernen und wissenschaftlichen Zeit die nahe liegendste Richtung für eine spirituelle, nach Wahrheit suchende Seele, nachdem die traditionelle mystische Religion durchschaut und zurückgelassen

wurde? Warum geht die Tendenz mit Sicherheit zur Wissenschaft, mit ihrem Anspruch auf eine universelle Wahrheit und ihrer mathematischen Gewissheit von zehn Dezimalstellen bezüglich der inneren Logik von Raum und Zeit? Unsere spirituellen Überzeugungen von der Wissenschaft untermauern zu lassen, scheint ihnen eine gewisse Legitimation zu geben, wie dünn diese Verbindung auch immer sein mag. Darüber hinaus lässt sich dieser Glaube auch besser gegen die predigenden Wächter der Wissenschaft verteidigen – die Skeptiker und wissenschaftlichen Materialisten unserer Zeit. Einerseits bei der Begegnung mit diesen Gegnern in der weiten Welt. Andererseits, wenn die Zweifel der Materialisten in unserem eigenen Köpfen auftauchen ... Dass wir überhaupt das Bedürfnis haben, die Zweifel dieser materialistisch-wissenschaftlichen Weltanschauung zu überwinden, zeigt doch, wie pervers das Ganze ist; wie vollkommen durchdrungen wir bereits von diesen Gedanken sind."

?

Wie wird unsere Weltanschauung von den Annahmen der Wissenschaft beeinflusst?
Wie gehen Sie mit Wissen um, das aus wissenschaftlicher Sicht nicht bewiesen werden kann?
Wie wissen Sie, ob etwas wahr ist?

Wir haben keine Veranlassung, die wissenschaftlichen Erklärungen über die Verbindung von Wissenschaft und Geist über unsere eigene intuitive Eingebung zu stellen. Wir können unsere Intuitionen und spirituellen Einblicke für sich selbst stehen lassen und sie mit eigenen Begriffen bewerten, dankbar für deren Schönheit und die Kraft ihrer Inspiration. Damit können wir ein Gefühl tiefer Übereinstimmung zwischen uns und der Welt hervorrufen.
Vor einem Jahrhundert sagte der britische Physiker Sir Arthur Eddington dazu:

„Im Gefühl einer uns umgebenden, mystischen Schöpfung, im Ausdruck der Kunst, im Drängen zu Gott, schwingt sich die Seele auf und findet ihre Erfüllung bei etwas, das tief in ihrer Natur liegt. Das Streben nach Wissenschaft hat seinen Ursprung (auch) in einem Eifer, dem der Geist nachgeben muss; einem Wissensdrang, der nicht unterdrückt werden kann. Ob nun im intellektuellen Streben der Wissenschaft oder im mystischen Streben des Geistes – das Licht gibt uns ein Zeichen und die aus unserer Natur aufbrandende Bestimmung antwortet darauf." The Nature of the Physical World

Mit ihren verblüffenden und launenhaften Ergebnissen hat die Quantenphysik unsere Welt erfolgreich aus ihrem, wie William Blake es formuliert, „Newton'schen Schlaf" geweckt. Wir können nicht länger eine Umwelt betrachten, die real, örtlich, beständig und kausal zu sein scheint und dabei völlig überzeugt sein, dass wir die gesamte Realität erkennen. Noch können wir mit Sicherheit sagen, welche Realität wir eigentlich wahrnehmen. Bis weitere Geheimnisse entschlüsselt werden, können wir vielleicht höchstens sagen: „Was zum Bleep wissen wir eigentlich?"

Zusätzlicher Dialog

Was lösen die Entdeckungen der Quantenphysik in Ihnen aus?
Können Sie sich eine Welt vorstellen, in der Objekte keine spezifischen Eigenschaften haben?
Wie viel Realität existiert Ihrer Meinung nach außerhalb unserer Wahrnehmung?
In welchem Ausmaß beeinflussen die Methoden unserer Fragestellung auch die Antworten, die wir von der Natur erhalten?

Wie würde es Ihr Leben verändern, wenn Sie Realität als einen permanenten Dialog mit offenem Ende erleben würden? Wenn die Welt also ein Resultat von einem aktiven Zusammenspiel zwischen uns und der Natur wäre, inwieweit wäre Realität dann beliebig?

Quantenphysik ist eine Physik der Möglichkeiten ...

- Wer wählt denn für uns aus den gegebenen Möglichkeiten ein bestimmtes Ereignis, eine Erfahrung aus?
- Was denken Sie in Bezug auf Möglichkeiten?
- Wie können Sie denken, ohne Objektives zum Denken zu haben?

Eine persönliche Frage ...

Können Sie sich an einen Moment in Ihrem Leben erinnern, an dem Ihre Erfahrungen über die vorherigen Grenzen hinaus erweitert wurden und Ihnen klar wurde, dass Ihre bisherige Weltanschauung in gewisser Weise eine Illusion war?

Wenn die seltsamen Eigenschaften der Quantentheorie nur auf der Ebene von Atomen zu beobachten sind, in welchem Maß hat die Quantentheorie dann auch Auswirkungen auf die Erfahrungen des täglichen Lebens?

Zitate:

„Diejenigen, die beim ersten Kontakt mit Quantentheorie nicht geschockt sind, können sie nicht wirklich verstanden haben." Niels Bohr

„Die Ontologie des Materialismus basierte auf der Illusion, dass diese Existenz, diese unmittelbare ‚Aktualität' der uns umgebenden Welt, auf eine atomare Ebene hochgerechnet werden kann. Diese Hochrechnung ist allerdings unmöglich." Werner Heisenberg

„Die kleinsten Einheiten der Materie sind tatsächlich nicht die physikalischen Objekte im klassischen Sinne, es sind Formen, Strukturen oder - im Sinne Platons - Ideen, von denen in eindeutiger Weise nur in der Sprache der Mathematik geredet werden kann." Werner Heisenberg

„Wir dürfen nicht vergessen, dass das, was wir beobachten, nicht die Natur selbst ist, sondern eine Natur, die den Methoden unserer Fragestellung ausgesetzt wurde." Werner Heisenberg

„Die Beobachtung spielt eine entscheidende Rolle beim Ablauf der Dinge und ... die Realität variiert, je nachdem ob wir sie beobachten oder nicht." Werner Heisenberg

„So nützlich es unter den täglichen Gegebenheiten auch sein mag, davon zu sprechen, dass die Welt „da draußen" unabhängig von uns existiert - diese Sichtweise kann nicht länger aufrechterhalten werden." J. A. Wheeler

„Ich glaube, man kann mit Sicherheit sagen, dass niemand die Quantenmechanik versteht. Wenn Sie es irgendwie vermeiden können, hören sie damit auf, zu sagen ‚Aber wie kann das sein?' Sie werden nämlich dabei hopsgehen und in einer dunklen Gasse verschwinden, von der noch nie jemand zurückgekehrt ist. Niemand kann verstehen, wie das sein kann." Richard Feynman

Zusätzliche Quellen:

Literatur

Davies, P. C. W. und Brown, J. R.: *The Ghost in the Atom: A Discussion of the Mysteries of Quantum Physics.* Cambridge University Press, 1986 (Dt. Ausgabe: *Der Geist im Atom: eine Diskussion der Geheimnisse der Quantenphysik.* Frankfurt/Leipzig: Insel, 1994).

Feynman, Richard: *QED: The Strange Theory of Light and Matter.* Princeton University Press, 1985 (Dt. Ausgabe: *QED: die seltsame Theorie des Lichts und der Materie.* München/Zürich: Piper, 2006).

Greene, Brian: *The Elegant Universe: Superstrings, Hidden Dimensions and the Quest for the Ultimate Theory.* Vintage, 2000 (Dt. Ausgabe: *Das elegante Universum: Superstrings, verborgene Dimensionen und die Suche nach der Weltformel.* München: Goldmann, 2006).

Hawking, Stephen: *A Brief History of Time: The Updated and Expanded Tenth Anniversary Edition.* Bantam, 1998 (Dt. Ausgabe: *Eine kurze Geschichte der Zeit.* Hamburg: Spiegel, 2006).

Heisenberg, Werner: *Physics and Philosophy: The Revolution in Modern Science.* Harper and Row, 1958 (Dt. Ausgabe: *Physik und Philosophie.* Stuttgart: Hirzel, 7. Auflage, 2007).

Heisenberg, Werner: *Physics and Beyond: Encounters and Conversations.* Harper and Row, 1971 (Dt. Ausgabe: *Der Teil und das Ganze: Gespräche im Umkreis der Atomphysik.* München/Zürich: Piper, 2006).

Herbert, Nick: *Quantum Reality: Beyond the New Physics.* Anchor Books, 1987 (Dt. Ausgabe: *Quanten-Realität: Jenseits der neuen Physik.* München: Goldmann, 1990).

McFarlane, Thomas: *The Illusion of Materialism: How Quantum Physics Contradicts the Belief in an Objective World Existing Independent of Observation.* Center Voice: The Newsletter of the Center for Sacred Sciences, Summer-Fall 1999.

Zukav, Gary: *The Dancing Wu Li Masters.* Bantam Books, 1990 (Dt. Ausgabe: *Die tanzenden Wu-li-Meister: der östliche Pfad zum Verständnis der modernen Physik: vom Quantensprung zum Schwarzen Loch.* Reinbek bei Hamburg: Rowohlt, 1994).

Internet

Heisenberg and Uncertainty:
A Web Exhibit, American Institute of Physics
http://www.aip.org/history/heisenberg

Measurement in Quantum Mechanics:
Frequently Asked Questions edited by Paul Budnik
http://www.mtnmath.com/faq/meas-qm.html

The Particle Adventure: An interactive tour
of fundamental particles and forces
Lawrence Berkeley National Laboratory
http://particleadventure.org

Discussions with Einstein on Epistemological
Problems in Atomic Physics, Niels Bohr (1949)
http://www.marxists.org/reference/subject/philosophy/works/dk/bohr.htm

The History of Quantum Theory,
Werner Heisenberg (1958)
http://www.marxists.org/reference/subject/philosophy/works/ge/heisenb2.htm

The Copenhagen Interpretation of Quantum Theory
Werner Heisenberg (1958)
http://www.marxists.org/reference/subject/philosophy/works/ge/heisenb3.htm

The Illusion of Materialism. Thomas J. McFarlane
http://www.integralscience.org/materialism/materialism.html

Hyperlinks für allgemeine Informationen zur Quantenmechanik:

http://de.wikipedia.org/wiki/Quantenmechanik

http://plato.stanford.edu/entries/qt-quantlog

http://scienceworld.wolfram.com/physics/topics/EarlyQuantumMechanics.html

http://www.benbest.com/science/quantum.html

http://www.mtnmath.com/faq/meas-qm-0.html

KAPITEL III

Unseren Tag erschaffen

In welcher Weise erschaffen wir unser Leben bewusst?
Wie viel Macht haben unsere Absichten?
Gibt es eine tiefere Ordnung im Universum?

„Menschen geben immer den Umständen die Schuld an ihrer Situation. Ich glaube nicht an Umstände. Die Menschen, die es in dieser Welt zu etwas bringen, sind die, die aufstehen und nach den richtigen Umständen suchen. Und, falls sie sie nicht finden, selbst herstellen."

George Bernhard Shaw

Was wäre, wenn die Gedanken, die wir beim Aufstehen haben, einen Einfluss darauf hätten, was passiert, ohne dass wir aktiv daran mitwirken?

Was wäre, wenn alle Gedanken, bewusst oder unbewusst, die Welt beeinflussen würden? Würden wir dann den Tag mit dem Anschreien unserer Kinder beginnen? Aus der Tür stürmen? Zettel mit „Zu erledigen" schreiben? Wie würde das unser Leben verändern?

Obwohl es bis jetzt noch keine schlüssigen theoretischen Erklärungen für die Beziehung zwischen Geist und Materie gibt, spüren viele von uns ganz intuitiv die Macht unserer Vorstellungskraft. Im Film *What the Bleep!?* beschreibt Joe Dispenza den Prozess, seinen Tag bewusst zu erschaffen:

„Ich wache morgens auf und erschaffe den Tag absichtlich so, wie ich ihn haben möchte. Manchmal ... brauche ich ein bisschen, um zur Ruhe zu kommen und dahin zu finden, wie ich ihn willentlich erschaffen kann ... (dann, während des Tages), aus dem Nichts, passieren kleine Dinge, die einfach unerklärlich sind und ich weiß, dass sie das Ergebnis oder der Prozess meiner eigenen Schöpfung sind. Wir gehen, aus spiritueller Sicht, bewusst von der Idee aus, dass unsere Gedanken unsere Realität oder unser Leben beeinflussen.

Ich habe diesen kleinen Pakt geschlossen ... Ich sage: ‚Ich nehme mir Zeit, um meinem Tag eine Form zu geben' und stecke dadurch das Quantenfeld an. Falls es nun eine Tatsache sein sollte, dass der Beobachter mich die ganze Zeit im Auge behält und es einen spirituellen Aspekt in meiner Person gibt, dann ‚gib mir ein Zeichen, dass du die kleinen Dinge tatsächlich beachtest, die ich erschaffen habe. Zeig sie mir auf eine Art, die ich nicht erwarten würde, sodass ich von meiner Fähigkeit, diese Dinge zu erleben und zu erschaffen, überrascht bin. Dann habe ich keinen Zweifel mehr, dass sie von dir kommen.' So lebe ich mein Leben jeden Tag in dem Bewusstsein, ein Genie zu sein ... und während ich das tue, habe ich an manchen Augenblicken des Tages die erstaunlichsten Gedanken, die aus dem Nichts kommen und mir einen Schauer über den ganzen Körper jagen."

Wie können wir „das Quantenfeld so anstecken", dass derart erstaunliche Dinge passieren können, die sich auch noch mit unseren Absichten decken? Wie können wir „unseren Tag erschaffen"? Lassen Sie uns zuerst herausfinden, was uns Wissenschaftler und Bewusstseinsforscher über unsere Vorstellungskraft und das Ausmaß an Gestaltungsmöglichkeiten für unser Leben sagen können.

ÜBUNG

Nehmen Sie sich einen Moment Zeit, um über Ihre Ziele und Wünsche bei der Erforschung der Ideen und Übungen dieses Handbuchs nachzudenken. Wenn sie in der Gruppe sind, teilen Sie diese Absichten miteinander. Sie können über Ihre Gedanken auch mehr Klarheit erlangen, wenn Sie sich folgende Fragen stellen:
Was veranlasst Sie zu dieser Erforschung?
Was möchten Sie daraus mitnehmen? Warum ist sie für Sie wichtig?

Die Macht der Absicht (Intention)

Wie beeinflussen bestimmte Absichten unser Leben? Absichten haben Auswirkungen auf die ganze Welt, da Sie unser Handeln leiten. Wenn Sie z. B. beabsichtigen, das Gras zu mähen, werden Sie es irgendwann schließlich tun und das Gras wird sich in seinem Erscheinungsbild verändern. Das wahre Mysterium besteht also nicht darin, ob Absichten die Welt indirekt beeinflussen, sondern ob der menschliche Geist die physische Welt allein durch eine Absicht direkt beeinflussen kann, ohne dabei einen wie auch immer gearteten, physischen Kontakt zu haben.

Die Frage nach der Intention besteht bei den Untersuchungen des menschlichen Bewusstseins schon sehr lange. Genau definiert beinhaltet eine Absicht, dass der Geist unter Einbeziehung von Sinn und Effizienz zu einem Ziel oder einem Ergebnis gelangt. Die Absicht hält zugleich Möglichkeiten und Herausforderungen für uns bei dem Versuch bereit, zu einem tieferen Verständnis darüber zu kommen, wie wir unseren Tag erschaffen. Unser Fokus wird dabei auf einige der interessantesten und erstaunlichsten Fragen bezüglich der Verbindung von Geist, Körper und Seele gelenkt. Wir sind veranlasst zu erforschen, wie das Bewusstsein auf indirekte und direkte Weise das Wohlbefinden des Individuums und der Gemeinschaft beeinflussen kann.

Wir können von drei Schlüsselregionen in der Intentionsforschung sprechen:

1. Die Wirkung unserer Absichten auf uns selbst

Wie unsere Absichten, insbesondere Visualisierungen, unseren Körper und unseren Geist beeinflussen. Dieses Gebiet schließt die Neurowissenschaften und die Biochemie der Emotionen mit ein. (Siehe auch das Kapitel ‚Die Vergangenheit heilen'.)

2. Absichten und ihre Interaktion mit der Welt

Wie unsere Absichten andere durch direkte oder indirekte Kommunikation beeinflussen. Dieses Gebiet setzt sich auch mit der Frage auseinander, inwieweit die Erwartungen anderer möglicherweise unsere Gesundheit und unser Wohlbefinden beeinflussen können.

3. Personenübergreifende (transpersonale) Absichten, die aus der Distanz wirken

Wege, auf denen unsere Absichten andere oder die Welt ohne einen physischen Kontakt beeinflussen. Das schließt Berichte über angebliche Fernheilungen, Fürbitten und das Thema Geist und Materie mit ein. Dieser Bereich fordert die Kerngebiete der Newton'schen Weltanschauung über das Getrenntsein dieser Bereiche heraus.

Die Wirkung unserer Absichten auf uns selbst

„Ich habe nie einen Ball getroffen", schreibt Jack Nicklaus in seinem Buch *Golf My Way*, „ohne dabei ein sehr genaues, fokussierendes Bild vor meinen Augen zu haben". Für Lee Evans, Olympiasieger und Weltrekordhalter im 400-Meter-Lauf, basierte der Erfolg bei den Olympischen Spielen 1968 darauf, „jeden Schritt des Rennens zu visualisieren und dabei jede Unzulänglichkeit des Ablaufs zu korrigieren."

Der Bodybuilder und momentane kalifornische Gouverneur Arnold Schwarzenegger behauptet, dass er durch die Visualisierung eines bestimmten Muskels während des Gewichthebens das Ergebnis um ein Zehnfaches dessen verbessern kann, wie wenn er seine Gedanken dabei abschweifen lässt.

Was passiert da? Sehen wir vielleicht ein paar hochklassige Sportler, die zwischen ihren Trainingseinheiten vor sich hinträumen? Keineswegs. Diese Athleten haben, manchmal durch Zufall, die Gültigkeit der Aussagen des Bodybuilding-Champions und Psychologen Charles Garfield über das Maximum des sportlichen Erfolgs entdeckt:

„Sobald das physische Training beendet ist, befindet sich der Unterschied zwischen Gewinnen und Verlieren im Kopf." Seit dem vor 30 Jahren veröffentlichtem Buch *The Inner Game Of Tennis. Die Kunst der entspannten Konzentration* (New School Verlag) von Timothy Gallwey freunden sich immer mehr Professionelle und Hobbysportler mit dem Gedanken an, dass der Geist ein Spielfeld ist, auf dem das tatsächliche Spiel stattfindet.

Es gibt einen wachsenden Konsens darüber, dass der nächste Durchbruch bei Athleten nicht so sehr von Muskeln oder einem starken Körperbau abhängt, sondern von einer intelligenten Kombination aus physischem Training und der oftmals vernachlässigten „Kraft des Geistes". Dazu zählen solche Praktiken wie Konzentration, Meditation, Visualisierung und inneres Empfinden.

Wissenschaftler haben jenes Phänomen untersucht, das lange als „mentales Spiel" der Fitness bezeichnet wurde und haben dabei einige erstaunlicher Entdeckungen gemacht. Eine von M. B. Arnold 1946 durchgeführte

Studie über Suggestion und Hypnose war eine der ersten Deutungen eines Phänomens, das viele der heutigen Physiologen als eine unumstößliche Tatsache betrachten: Wenn sich jemand vorstellt, einen Dart-Pfeil zu werfen, ist das Resultat eine kleine, aber messbare Muskelkontraktion in jener Muskelregion, die auch zum Pfeilwurf benötigt wird. 1932 fand Edmund Jacobsen in einer Studie über elektrophysiologische Auswirkungen von geistiger Aktivität heraus, dass eine Kombination aus bildlicher Vorstellung und innerem Gefühl eine größere Muskelaktivität während des imaginierten Gewichthebens auslöste, als eine alleinige bildliche Vorstellung.

Absichten und ihre Interaktion mit der Welt

Wie wir wissen, gibt es da draußen sehr viele andere Lebewesen, die ein eigenes Bewusstsein besitzen und die an diesem kreativen Prozess teilhaben. Der Philosoph Alfred North Whitehead vertrat die Auffassung, dass alles im Universum, vom kleinsten Teilchen bis zu den Planeten, in ständigem Kontakt miteinander steht und dabei in unterschiedlichen Abstufungen aufeinander wirkt.

Zwei Forscher über das Thema der gesellschaftlichen Kreativität, Alfonso Montuori und Ronald Pursuer (1996) beschreiben weitere Faktoren, die unsere Kreativität beeinflussen. Diese betreffen die Umgebung, Ressourcen in Wirtschaft und Bildung, kulturelle Kräfte, politische und organisatorische Zusammenhänge, biologische Faktoren, psychologische und persönliche Themen sowie zwischenmenschliche Beziehungen. Der Psychologe Mihaly Csikszentmihalyi ermutigt uns, die komplexe Natur der Kreativität zu erkennen und betont die Notwendigkeit einer neuen Entwicklung von „Modellen, in denen die Person Teil eines Systems von wechselseitigen Einflüssen ist". Wir sind nicht allein für das Ergebnis unserer Absichten verantwortlich, aber wir sind Teil eines größeren „Chor" von Kreativität, der ständig Einfluss auf die um uns entstehende Welt nimmt. Wir sind Teilnehmer in einem kreativen Prozess, der einerseits von uns selbst hervorgerufen wird, und andererseits in Beziehung zur gesamten Welt steht.

QUELLE: Für weitere Informationen über Whiteheads *Prozessphilosophie* lesen Sie bitte den Artikel *„What the Butterfly Knows"* von Keith Thompson in der Ausgabe Noetic Scienes Review # 52, Juni-August 2000. *Http://www.ions.org/publications/archive.cfm*

Wie beeinflusst eine Absicht, die durch die Wechselbeziehungen mit anderen übertragen wurde, unseren Geist und unseren Körper? Interessante Studien, die mit Placebos durchgeführt wurden, geben darüber Aufschluss. Üblicherweise werden Placebos von Wissenschaftlern in klinischen Tests verwendet, um die Wirksamkeit eines Medikaments zu testen. Als inaktive Substanz soll das Placebo dabei keine Wirkung zeigen, sondern nur die Ausgangsbasis für die Messung des wirksamen Medikaments liefern. Dennoch lässt sich beweisen, dass Placebos eine helfende Wirkung haben. Wie ist das möglich? Wie groß ist die Macht der Suggestion?

Jede Beziehung zwischen einem medizinischen Helfer und seinem Patienten hat zumindest in Teilen einen Placeboeffekt. Unabhängig davon, ob es uns bewusst ist oder nicht, „hören" und interpretieren wir jede unbewusst gesendete Nachricht unseres Helfers, die er uns durch Gesten, Tonfall, seinen Gesichtsausdruck oder durch versteckte Andeutungen mitteilt. Anders ausgedrückt nehmen wir die unbewussten Mitteilungen unseres Arztes in uns auf. Diese Signale beeinflussen unseren eigenen Glauben an unsere Gesundheit und dieser Glaube benachrichtigt wiederum unsere Heilungskräfte - wie wir bereits sehen konnten.

Dieser „Placeboeffekt", die mächtige Einflussnahme des Heilers auf seinen Patienten, verwirrt und beunruhigt viele Forscher. Schließlich behindert er sie dabei, zuverlässige Daten über die „wirkliche" Medizin zu sammeln. Aber diese Placebos könnten der Schlüssel zum Verständnis der Verbindung zwischen Absicht, Glauben, Erwartung und körperlicher Reaktion sein. Während über das Wesen solcher Faktoren wie innerer Verbindung, Beziehung, Erwartung oder Hoffnung in Bezug auf das tägliche Leben noch weiter geforscht werden muss, gibt es bereits Studien, die zeigen, dass lang anhaltende Zustände von Stress, Hoffnungslosigkeit und Verzweiflung ernsthafte Störungen des Heilungsprozesses verursachen können.

Personenübergreifende (transpersonale) Absichten, die aus der Distanz wirken

Können alle Aspekte von Absicht durch konventionelle Biologen, Psychologen oder soziale Vorgänge erklärt werden? Oder kann der menschliche Geist die physische Welt durch seine Absicht direkt beeinflussen? Präzise gefragt: ohne dabei physischen Kontakt irgendeiner Art auszuüben? Erfordert eine Intention jene Kräfte, die konventionelle Physiker dafür vorgeben? Oder prägt neben den physischen Zusammenhängen noch etwas anderes die Qualität von Bewusstsein? Wenn Absichtlichkeit eher ursächlich ist, als dass sie von etwas anderem verursacht wurde - wie kann diese Tatsache dann in ein herkömmliches Konzept von „wissenschaftlichen Gesetzen" passen?

Das Gebiet, welches diese Fragen am deutlichsten anspricht, ist das der experimentellen Parapsychologie.

Parapsychologie beschäftigt sich mit wissenschaftlichen Studien über das außergewöhnliche Zusammenspiel zwischen Geist und Materie. Das schließt Telepathie (Gedankenübertragung), Hellsehen (Geist zum Objekt oder Geist zu Ereignissen), Voraussagen (Wissen von zukünftigen Ereignissen) und Psychokinese (Geist über Materie) mit ein. Viele der wissenschaftlichen Hinweise über ein Zusammenspiel von Geist und Materie können in zwei Kategorien aufgeteilt werden:
Absichten, die sich auf lebendige Systeme beziehen und
Absichten, die sich auf unbelebte Materie richten.

QUELLE: Es gibt verschiedene professionelle bzw. wissenschaftliche Gruppen, die sich mit auf Distanz wirkenden Intentionen beschäftigen. Darunter z.B. die Parapsychological Association (*www.parapsych.org*) und die Society for Scientific Exploration (*www.scientificexploration.org*).

Ein Trainingsprogramm zur Erforschung von Parapsychologie wird am IONS *(www.noetic.org)* angeboten. Falls Sie Ihre eigenen parapsychologischen Fähigkeiten einmal testen möchten, können Sie das bei verschiedenen Psi-Spielen online unter *www.noetic.org* tun.

Absichten, die sich auf lebendige Strukturen auswirken

In früheren Studien wurde bereits untersucht, ob Intentionen das Wachstum von Zellstrukturen, von Wasserstrukturen, die Schwimmaktivität von Fischen, die Wundheilung bei Mäusen, das zentrale Nervensystem der Menschen und den Verlauf von Krankheiten beim Menschen beeinflussen können. Die Literatur über diese Studien ist sehr umfangreich und von unterschiedlicher Qualität. Man kann aber bei allen diesen Studien feststellen, dass Intentionen lebendige Systeme bis zu einem gewissen Grad beeinflussen können.

Quelle: Mehr Informationen über das Projekt *Distant Healing* des IONS-Institutes finden Sie auf *http://www.noetic.org/research/dh.cfm*

Eine vorsichtige Vermutung lautet, dass die Intention in geringem Maß mit den Veränderungen vieler lebendiger Systeme in Wechselwirkung steht (aber sie nicht unbedingt in einem physischen Sinne beeinflusst). Beispielsweise wurde in einer großen Analyse des *British Journal of Psychology* aus dem Jahr 2004 festgestellt, dass bei unabhängig voneinander wiederholten, streng kontrollierten Doppelblindversuchen die Gedanken einer Person einen messbaren Effekt auf das physiologische Befinden einer anderen Person hatten. Die beiden Probanden des Versuchs über Möglichkeiten der Fernheilung waren in schalldichten und von elektromagnetischen Feldern abgeschirmten Räumen voneinander isoliert. Dadurch sollte verhindert werden, dass andere Signale zwischen beiden Personen die Messung beinträchtigen könnte. Trotzdem wurde festgestellt, dass bei Aussendung von beruhigenden oder aktivierenden Gedanken der „Sende"-Person der Körper der „Empfangs"-Person auch in entsprechender Weise reagierte. Bis jetzt gibt es noch keine wirklich schlüssigen theoretischen Erklärungen dafür, warum dieses Phänomen auftritt, aber die Beweise für dieses Vorkommen verdichten sich immer mehr.

Dean Radin, Autor des Buches *The Conscious Universe: The Scientific Truth of Psychic Phenomena* (Harper Collins, 1997) ist leitender Wissenschaftler am Institute of Noetic Sciences. Er und seine Kollegen untersuchen die erweiterten Möglichkeiten von menschlichen Fähigkeiten, so z. B. auch die Verbindungen zwischen Geist und Materie.

Radin arbeitete mit Roger Nelson, einem Psychologen von der Princeton University zusammen. Dieser rief 1998 das *Global Consciousness Project (GCP)* ins Leben, ein Gemeinschaftsprojekt von 75 Forschern aus aller Welt. Ziel des *GCP* ist zu bestimmen, ob Ereignisse, die eine globale Aufmerksamkeit auf sich ziehen, Geräte beeinflussen können, die nach dem Zufallsprinzip Zahlen erzeugen, die auf Quantengeräuschen basieren.

Solche Ereignisse können z. B. internationale Sportveranstaltungen, Naturkatastrophen oder Terroranschläge sein. Die Resultate der Forschungen zeigen starke, umfassende Beweise für eine Form von interaktiver Geist-Materie-Beziehung zwischen großen Teilen der Weltbevölkerung. Beispielsweise zeigten die weltweit von einem Zufallsgenerator nach den Terroranschlägen vom 11. September 2001 und der Geiselnahme in einer Schule im russischen Beslan 2004 ermittelten Geräuschwerte ein außergewöhnliches Maß an Ordnung. (Elektronische Zufallsgeneratoren sind so etwas wie elektronische Kopf- oder Zahl-Spieler.) An Tagen, an denen nichts Ungewöhnliches passierte, kehrten diese Werte wieder in ihren erwartungsgemäßen, ungeordneten Zustand zurück.

Wissenschaftler stellen daher die Hypothese auf, dass Ereignisse, die den „Geist der Massen" übereinstimmen lassen, auch physikalische Materie beeinflussen können. Sie schließen sich mehr und mehr Philosophen und Mystikern an, und räumen ein, dass im Hinblick auf die vorliegenden Daten Geist und Materie in grundlegender Weise miteinander in Verbindung stehen könnten und Gedanken die Welt möglicherweise auf eine subtile Art beeinflussen.

QUELLE: Mehr Informationen über *GCP* finden Sie auf: *http://noosphere.princeton.edu* Diese Seite enthält eine komplette Liste an ausgewerteten Daten, Erklärungen, Hintergrundinformationen und unkommentierten Daten. Mehr dazu auch auf *http://www.noetic.org/publications/research/main.cfm?page=frontiers_58.htm*

?

In welcher Weise gibt es eine Interaktion zwischen dem kreativen Potenzial eines Individuums und der Welt?
Was geschieht, wenn zwei oder mehrere Personen ihr gesamtes kreatives Potenzial für jeweils gegensätzliche Ziele verwenden?
Wodurch wird bestimmt, welches Ziel die Oberhand gewinnt?
Wie können wir den Unterschied zwischen unseren eigenen und denen durch Suggestion beeinflussten Gedanken kennen?

Intentionen und physikalische Systeme

Die unbelebte Materie betreffend haben einzelne Experimente die Auswirkungen der Intention auf viele Vorgänge untersucht: auf das Werfen von Würfeln, Kreiseln von Münzen, fallende Plastikbälle, Bewegungen von Wasserbläschen, die Höhe von Wasserfontänen, Bewegungen von kleinen Gewichten, Veränderungen von schwachen magnetischen Feldern und noch vieles mehr.

Die beiden größten Datenmengen einer Interaktion von Geist und Materie wurden über den möglichen Einfluss einer Absicht auf zufällige physikalische Systeme gesammelt. Diese Experimente haben sich auf das Werfen von Münzen und das Verhalten von elektronischen Zufallsgeneratoren konzentriert. Beim ersten Experiment würfelten die teilnehmenden Personen und wünschten sich dabei, dass eine bestimmte Fläche oben liegen sollte. Das andere Experiment beinhaltete, dass ein zufälliger Strom von Zahlen (Nullen und Einsen) so beeinflusst werden sollte, dass er entweder mehr Einsen als Nullen produzierte oder umgekehrt.

In einer der bekanntesten Langzeitstudie des Princeton's Engineering Anomalies Research Laboratory (Abkürzung PEAR, www.princeton.edu/~pear/publist.html) drückt ein Individuum einen Knopf, der einen elektronischen Schaltkreis dazu veranlasst, 200 zufällig ausgewählte Bits zu produzieren. Die Person soll dabei zuerst ein hohes Ergebnis erzielen, das heißt, mehr Einsen als Nullen produzieren. Beim zweiten Mal soll sie ein niedriges Ergebnis produzieren, also mehr Nullen als Einsen. Beim dritten Versuch soll sie dann überhaupt nicht die Absicht haben, das Ergebnis in irgendeiner Form zu beeinflussen.

Nach zwölf Jahren und hunderttausenden solcher Experimente, bei denen hunderte von Teilnehmern diese Knöpfe gedrückt hatten, stand fest, dass die Resultate eindeutig waren. Der Geist ist in der Lage, eine sonst zufällige Zahlenfolge seinem Willen folgen zu lassen (zwar schwach und in rein statistischer Form, aber messbar). Ob dem nun ein energetischer Effekt oder eine abstrakte Wahrscheinlichkeitsverschiebung zufälliger Zahlen zugrunde liegt oder aber eine exotischere Erklärung dafür existiert, ist noch nicht sicher. Aber der Beweis, dass irgendetwas Interessantes hier vorgeht, ist außerordentlich stark.

Die Botschaft des Wassers

Dr. Masaru Emotos Forschung über die „Botschaft des Wassers" wurde durch den Film *What the Bleep!?* sehr bekannt. Wenngleich diese Arbeit außerordentlich spannend ist, bedeutet sie doch eher eine künstlerische Metapher über die Interaktion von Geist und Materie als eine wissenschaftliche Tatsache. Wie bereits in Dr. Emotos Büchern erläutert, genügt seine These noch nicht den strengen Anforderungen wissenschaftlicher Kontrollen westlicher Forscher. Es steht zum Beispiel noch nicht fest, wie viele Bilder gemacht wurden und wie genau die Methoden aussahen, anhand derer die einzelnen Kristalle für die Untersuchungen ausgewählt wurden. Außerdem gibt es noch weitere Details, die seine Arbeit bisher noch nicht vor den rigorosen Standards der Wissenschaftler bestehen lassen würden. Abgesehen von diesen fehlenden Details wurde seine Arbeit auch noch nicht in Fachzeitschriften veröffentlicht und so können wir nicht sicher sein, dass auch Fachleute, die sich mit den chemischen Eigenschaften von Wasser (die sehr komplex sind) auskennen, der Glaubwürdigkeit dieser Effekte zustimmen würden. Trotzdem ist seine Arbeit außerordentlich spannend und sollte neue, unabhängige Tests nach sich ziehen.

?

Welchen Eindruck haben Sie von den Auswirkungen Ihrer Gedanken auf das, was „entfernt" passiert?
Auf welche Weise regt Emotos Arbeit Ihre Fantasie an?
Wie beeinflussen Entdeckungen in der Wissenschaft Ihr Leben?
Wie würden Sie leben, wenn Ihnen die vollen Auswirkungen der Macht Ihrer Intentionen auf sich und die Welt bekannt wären?

Zufall? Vielleicht ja, vielleicht nein!

Wie können wir wissen, ob wir unseren Tag tatsächlich selbst erschaffen? Wie sehen die Zeichen dafür aus? Wahrscheinlich werden wir nach Zeichen suchen, ob das Universum uns auch zuhört und unsere Gedanken beantwortet. Wir schlagen vielleicht ein Buch an einer zufälligen Stelle auf und sehen, ob wir dort die Antwort auf die Frage finden, an die wir vorher gedacht haben. Oder wir bekommen unseren Traumjob an dem Tag, an dem wir uns entschieden haben, unsere alte Stelle zu kündigen. Wir denken an Freunde, kurz bevor diese anrufen. Wie Joe Dispenza sagte: „Aus dem Nichts passieren kleine Dinge, die einfach unerklärlich sind und ich weiß, dass sie das Ergebnis oder der Prozess meiner eigenen Schöpfung sind." Was sind die Hindernisse?

Synchronizität

Der bekannte Schweizer Psychotherapeut C.G. Jung war der erste Psychologe, der sich mit „bedeutsamen Zufällen" als Ereignisse, die den normalen Gesetzen von Kausalität widersprachen, befasste. Jung konnte sich die normale Einwirkung von Ursache und Wirkung auf „bedeutsame Zufälle", die er wiederholt beobachtete, nicht erklären. Es schien aber genauso undenkbar, sie aus einem Reflex heraus als pure Zufälle abzutun. Beispielsweise träumte eine seiner Patientinnen, einen goldenen Skarabäus erhalten zu haben; ein Tier, das in der ägyptischen Mythologie eine bedeutende Rolle spielt. Kurz darauf, als sie Jung ihren Traum erzählte, hörte dieser ein leichtes Klopfen am Fenster, und als er es öffnete, flog ein Käfer herein, den man als Schweizer Äquivalent zum goldenen Skarabäus betrachten könnte. Er fing ihn, gab ihn ihr und sagte „Hier ist Ihr Skarabäus". Dieser unheimliche Vorfall durchbrach den bis dahin rationalistischen Panzer, den sie sich zugelegt hatte.

Diese Art von Vorfällen brachte Jung zu dem, was er „Synchronizität" oder auch „bedeutsame Zufälle" nannte. Er argumentierte, dass, falls diese Ereignisse nicht ursächlich zusammenhingen, es möglicherweise eine Art nicht-kausales Verbindungsprinzip geben könnte. Er wurde auch deshalb zu diesen Gedanken ermutigt, weil moderne Physiker durch die Entwicklung der Quantenphysik ebenfalls mit dem Prinzip der Kausalität gebrochen hatten.

„Die Kausalität stellt nur ein Prinzip dar, und die Psychologie kann sich nicht allein im Prinzip der Kausalität erschöpfen", sagte Jung, „denn der Geist (die Psyche) lebt auch durch unsere Seele". Jung fügte hinzu: „Die psychische Endgültigkeit basiert auf einer ‚bereits existierenden' Bedeutung, die nur dann problematisch wird, wenn sie unbewusst besteht. In diesem Fall müssten wir vermuten, dass es ein ‚Wissen' gibt, das allem Bewusstsein überlegen ist." *(The Mystery of Matter, Ch. 3 „C.G. Jung's Synchronicity")*

Quelle: Mehr Informationen über Jung, Synchronizität und den Dialog zwischen Jungianern und Christen auf der Inner Exploration website: *http://www.innnerexplorations.com/catchmeta/mys3.htm*

Die Wissenschaft

Das Phänomen des Zufalls hat neue wissenschaftliche Erkenntnisse hervorgebracht. Wissenschaftler am Institute of Noetic Sciences sind der Hypothese nachgegangen, ob Menschen unbewusst wahrnehmen, dass ihnen in Kürze unangenehme Fotos vorgelegt werden. Dean Radin fand heraus, dass der elektrische Hautwiderstand des Betrachters vor dem Anblick eines aufwühlenden Bildes ansteigt. Das ist nicht der Fall, wenn dem Betrachter ein neutrales Bild vorgelegt wird. Dieses Resultat kann nicht das Ergebnis einer Erwartungshaltung sein, da dieser Effekt auch unter Doppelblind-Bedingungen zu beobachten ist, das heißt, wenn ein Computer die Bilder zufällig für den Betrachter selektiert. Wissenschaftler anderer Forschungsinstitute haben diesen Versuch erfolgreich wiederholt, in dem sie Hautwiderstand und Änderung der Herzfrequenz während des Versuchs maßen. Der englische Biologe Rupert Sheldrake fand in eigenen Versuchen heraus, dass der oben beschriebene Effekt nicht nur für unangenehme Fotos gilt, sondern ebenso für erotische. (Vgl. Rupert Sheldrake, *Der siebte Sinn des Menschen*)

Der Psychologe William Braud hat neben anderen Wissenschaftlern festgestellt, dass sowohl parapsychologische Experimente als auch zahlreiche Anekdoten über Vorahnungen nahelegen, dass unser herkömmliches Verständnis vom Wesen der Zeit unvollständig ist. Braud vermutet, dass unter speziellen Bedingungen die Zeit so überwunden werden kann, dass Absichten „zeitlich rückwärts" gerichtet die Vergangenheit beeinflussen können.

Im ersten Moment klingt das lächerlich, denn wie könnten wir ändern, was bereits passiert ist? Aber die Intention scheint die Entscheidung, welche Ereignisse sich zuerst in das Bewusstsein drängen und sich dann entfalten, beeinflussen zu können. Es könnte daher sein, dass es aufgrund der zig Entscheidungen, die wir über den Tag verteilt treffen, unsere Zukunft selbst ist, die diese Entscheidungen beeinflusst.

Etwas Ähnliches wurde in wiederholten Experimenten bei der Aufzeichnung von Versuchen beobachtet, in denen Strömungen beliebiger Binärziffern von Zufallsgeneratoren erzeugt wurden. Diese Versuche fanden zunächst blind statt, das heißt, niemand beobachtete die Aufzeichnung der Binärziffern. Am nächsten Tag wurden diese zufälligen Binärziffern abgespielt, gleichzeitig wurde eine Person darum gebeten, die Ziffern willentlich zu beeinflussen (z. B. mehr Einsen als Nullen zu erhalten oder umgekehrt). Diese Experimente zeigten, dass die zuvor aufgenommenen, zufälligen Binärziffern mit nachfolgend produzierten Intentionen übereinstimmten. Anders gesagt stimmten die zuvor in der Vergangenheit unbeobachtet aufgenommenen Binärzahlen mit denen in der Gegenwart generierten Intentionen überein.

Was „wirklich" während dieser Experimente passiert, ist nicht bekannt, denn die Binärzahlen wurden nicht beobachtet, bevor das Experiment bereits auf dem Weg in die „Zukunft" war. Aber die Resultate sind konstant genug, um vermuten zu lassen, dass Vergangenheit, Gegenwart und Zukunft, so wie Einstein es zeigte, tatsächlich relativ sind. Und nicht nur bei Objekten, die sich nahe der Lichtgeschwindigkeit bewegen, sondern auch innerhalb menschlicher Erfahrungen.

QUELLE: Mehr Informationen über das Thema: *„Gibt es einen sechsten Sinn?"* finden Sie in der Ausgabe vom Juli/August 2000 von *Psychology Today* *http://cms.psychologytoday.com/article/pto-20000701-000034.html*

Sowie in Rupert Sheldrake: *Der siebte Sinn des Menschen*, Scherz 2003. Auf dessen deutscher Website kann man sich auch an der weltweiten Forschung beteiligen: *http://www.sheldrake.org/deutsche/*

In vielen Bereichen der Grenzwissenschaften oder Vorstufen theoretischer Forschung gibt es Andeutungen, dass hier etwas Interessantes und Wichtiges passiert, und es gibt wissenschaftliche Daten, die diese Vermutung stützen.

Aber zunächst sollten wir aufgrund unseres limitierten Verständnisses mit Behauptungen wie „der Geist kreiert die Realität" vorsichtig sein, da wissenschaftliche Beweise diese Interpretationen nicht ohne entsprechende Qualifikationen stützen können. Eine genaue Schulung bezüglich kontroverser Themen bedarf des Verständnisses von experimentellen und statistischen Methoden, der Bewertung von erkenntnistheoretischen Annahmen und den Grenzen der Forschung sowie ontologischer Interpretationen von Realität aus einer modernen, physikalischen Perspektive.

QUELLE: Mehr Informationen über William Brauds Studien finden Sie unter:
http://integral-inquiry.com/cybrary.html.
Artikel: *‚Transcending The Limits Of Time'*
unter *http://integral-inquiry.com/docs/649/transcending.pdf*
Weiterer Link: *http://integral-inquiry.com/docs/649/wellness.pdf*

?

Wie hat sich Synchronizität auf Ihr Leben ausgewirkt?
Existiert sie auch dann, wenn wir sie nicht wahrnehmen?
Was befähigt uns dazu, sie wahrzunehmen?
Was ist der Sinn von Synchronizität?

Wissenschaftler sprechen über Spiritualität

Edgar Mitchell, der sechste Astronaut auf dem Mond und Gründer des Institute of Noetic Sciences, spielte eine entscheidende Rolle bei der Unterstützung wissenschaftlicher Untersuchungen über das Bewusstsein. Der Anblick der Erde aus dem Weltall brachte ihm tiefe Erkenntnisse über das kreative Wesen des Bewusstseins im Universum:

„Binnen eines Moments begriff ich, dass das Universum intelligent war. Es entwickelte sich in eine bestimmte Richtung, und wir hatten irgendetwas mit dieser Richtung zu tun. Und dieser kreative Geist, diese kreative Absicht, die die Geschichte dieses Planeten ausmacht, kommt aus uns selbst und ist gleichzeitig da draußen – es ist das Gleiche.

Das Bewusstsein selbst ist die Grundlage und Energie/Materie das Produkt des Bewusstseins ... Wenn wir unsere Einstellung darüber ändern, wer wir sind – uns selbst als kreative, ewige Lebewesen sehen, die physische Erfahrungen erschaffen und miteinander verbunden sind auf einem Level der Existenz, das wir Bewusstsein nennen – dann werden wir beginnen, die Welt in der wir leben, mit anderen Augen zu sehen und sie ganz anders gestalten."

QUELLE: Mehr Informationen über Mitchells Erkenntnisse über das Wesen der Realität finden Sie auf: *http://www.ions.org/publications/archive.cfm*
Mitchell, Edgar: *‚As the Paradigma Shifts: Two Decades of Consciousness Research'*. Noetic Science Review # 24, p. 7, Winter 1992

Mitchells mystische Erkenntnisse lassen vermuten, dass die dem Universum innewohnende Kreativität auch in uns existiert. Seine Vision lässt vermuten, dass wir möglicherweise eine zentrale, aktive Rolle im kreativen Lebensprozess der gesamten Erde spielen. Mitchell war nicht nur ein Pionier menschlicher Forschungen im Weltall, er war auch eine Schlüsselfigur bei der Förderung wissenschaftlich orientierter Entdeckungen zum Seelenleben des Menschen. Seine Einblicke in das Rollenverständnis des Menschen als Mitgestalter in einem kreativen Kosmos wurden später von den Bewusstseinsforschern und Physikern Peter Russell und Amit Goswami aufgenommen.

Peter Russell beschreibt, wie unsere Sicht von uns selbst und vom Kosmos und deren Beziehung untereinander an Bedeutung gewinnt, wenn wir versuchen, eine Perspektive zu wählen, bei der Wissenschaft und Spiritualität sich einander nähern. An diesem Drehpunkt, sagt Russell, werden göttliche Intentionen die physikalischen Erscheinungsformen prägen. Genauso glaubt auch Amit Goswami, dass die Integration von Wissenschaft und Spiritualität unsere Fähigkeit steigert, das kreative Wesen des Kosmos zu erkennen. Der Ausgangspunkt, an dem beide Wissenschaftler das Bewusstsein als Grundlage unserer Existenz betrachten, spiegelt sich in den spirituellen Traditionen der Welt (Allah, Satguru, Spirit, Godhead, Punkt Omega usw.) wider. Goswami erklärt seine eigene Kosmologie anhand der Fähigkeit des Bewusstseins, eine materielle Welt zu erschaffen:

„Die neuen Wissenschaften besagen, dass zwar eine materielle Ebene der Welt existiert, sie aber nicht der einzige Teil einer Realität ist. Dieser Ansatz, die Integration des Spirituellen und des Wissenschaftlichen, war sehr wichtig für mich ... weil ich durch das Entdecken der Spiritualität einen neuen Weg zur Forschung entdeckte. Der Geist, die Seele, war die natürliche Basis meiner Existenz. Die materielle Welt der Quantenphysik bedeutet nur die Existenz von Möglichkeiten. Und nur durch die Umwandlung des Möglichen in das Tatsächliche kann das Bewusstsein eine greifbare Welt erschaffen ... Das Uni-

versum besitzt ein eigenes Bewusstsein, aber es ist durch uns ich-bewusst ... Wenn es Menschen mit Bewusstsein gibt, dann gibt es auch die Möglichkeit, Kreativität zutage treten zu lassen ... jetzt da, ich begriffen habe, dass das Bewusstsein die Grundlage des Seins bildet, sind alle Probleme zur Theorie der Quantenmessung und die Paradoxien in den Messungen innerhalb von Monaten zusammengeschmolzen. Das Ergebnis davon war Kreativität ... seitdem war ich von Ideen über Ideen gesegnet, und viele Probleme lösten sich – das Problem der Erkenntnis, der Wahrnehmung, der biologischen Evolution und das der Geist-Körper-Heilung." (http://twm.co.nz/goswam1.htm)

Russell und Goswami legen nahe, dass das Bewusstsein, welches das Universum erfüllt, sehr kreativ ist und ganz entscheidend die materielle Welt prägt. Und weil wir ein Ausdruck dieses Bewusstseins sind, haben wir Gelegenheit daran teilzuhaben, in dem wir die Ereignisse in unserem täglichen Leben selbst manifestieren.

QUELLEN: Mehr über Annährung von Wissenschaft und Spiritualität und über Bewusstsein finden Sie auf dem Websites von Peter Russell
http://www.peterussell.com
und Amit Goswami unter *http://twm.co.nz/goswam1.htm*

Edgar Mitchell, Peter Russell und Amit Goswami bieten eine Sichtweise an, bei der das Universum auf Bewusstsein basiert und bei der das Bewusstsein, das das Universum durchdringt, in jedem von uns verankert ist. Es gibt viele Praktiken, die den direkten Kontakt mit diesem Bewusstsein ermöglichen. Die Meditation z.B. hilft uns, den Verstand loszulassen, um so ganz klar das Wesen des Bewusstseins zu begreifen. Ein ruhiger Geist gibt uns die Möglichkeit zu erkennen, dass unsere wahre Natur im Bewusstsein selbst liegt – dem Platz, von dem aus alle Phänomene entstehen und existent bleiben. Wir können aus dem Wesen der Natur, das wir mit allen Existenzen teilen, etwas herausziehen und es mit Sinn erfüllen. Gerade dann, wenn wir im Zustand der Meditation sind.

?

Wie wissen wir, ob wir in Kontakt mit dem kosmischen Bewusstsein sind? Als sich Amandas Einstellung verändert, erhält sie kurz darauf einen Anruf von ihrem Ex-Mann. Haben Sie selbst schon festgestellt, dass es Veränderungen in Ihrem Leben gab, wenn Sie die Perspektive wechselten oder Ihre Einstellung änderten?
In welcher Weise würde sich Ihr Leben ändern, wenn Sie fühlten, dass ein bewusstes und zielgerichtetes Universum existiert?

ÜBUNG

Zeichen für intelligentes Leben: Stellen Sie sich im Laufe des Tages vor, dass alles, was Sie sehen, von einem Bewusstsein durchdrungen ist. Üben Sie, sich mit diesem umfassenden Feld an Bewusstsein verbunden zu fühlen. Werden Sie zu einem Forscher, der nach Zeichen eines intelligenten, die Existenz durchdringenden Plans sucht. Was finden Sie? Wie fühlt sich diese Suche an?

Einige dieser wissenschaftlichen Ansätze werden nicht von etablierten Physikern geteilt. Vielleicht liegt es daran, dass vielen etablierten Wissenschaftlern nicht beigebracht wurde, sich mit den tieferen ontologischen Belangen der Bedeutung moderner Physik auseinanderzusetzen. Außerdem glauben viele Menschen, einschließlich der meisten Quantenphysiker und Neurowissenschaftler, dass die Ereignisse unseres täglichen Lebens und die Art, wie unser Geist und Körper arbeiten, mit gängigen physikalischen Begriffen völlig ausreichend erklärt werden können. Der strikte Materialismus - der zu Recht metaphysische Annahmen ohne die entsprechend gesicherten Daten leugnet - hält seine eigenen Thesen aufrecht, und seine Anhänger sehen diese natürlich als erwiesen an. Dazu zählt auch das systematische Verkennen und Ausschließen von Beweisen für die Existenz von psychischen Phänomenen und mystischen Erfahrungen. Es ist jetzt an der Zeit, ganzheitliche Betrachtungen über diese Welt zu erwägen; Perspektiven, die verifizierte Daten aus allen Bereichen unserer Existenz, äußere und innere, das Individuum und die Gemeinschaft betreffende, mit einschließen.

Eine kleine Warnung

Auch wenn wir eine entscheidende Rolle bei dem, was unser Leben ausmacht, spielen können und wir unsere Tage (oder zumindest unsere Reaktionen auf die täglichen Ereignisse) bewusst erschaffen können, gibt es für die eigene Verantwortlichkeit unseres täglichen Lebens Grenzen. Wenn wir unser Potenzial als Mitschöpfer des Universums vernachlässigen, besteht das Risiko, dass wir uns als Opfer der Umstände betrachten. Bei einer Anerkennung unseres Gestaltungsvermögens besteht das Risiko, dass wir den Anteil unserer Einflussnahme auf das tägliche Leben überschätzen. Wie vermeiden wir eine verzerrende Sichtweise, die uns vielleicht noch selbst die Schuld an einer schrecklichen Krankheit gibt? Oder uns für eine völlige Genesung verantwortlich macht? Wie können wir ein genaues Gefühl für unsere eigenen Kräfte entwickeln?

Pater Bruno Barnhard, ein Benediktinermönch, schreibt:

> *„Es gibt Momente, in denen man sich plötzlich der scharfen Trennung bewusst wird, die unsere absolute Sicherheit von unserer Ungewissheit scheidet; ein undenkbares Nebeneinander von totalem Licht und jeder Abstufung und Güteklasse von Dunkelheit und Chaos in uns ... unsere Augen erhalten erst allmählich eine flüchtige Idee von den raffinierten Schatten, die hinter den Kulissen unserer einfallsreichen Intentionen tätig sind."*

Anders als bei einem Lichtschalter, der „an-" *oder* „aus-"gedreht werden muss, nicht aber beides gleichzeitig, haben wir die Wahl, unsere Fähigkeit zur bewussten Erschaffung des Tages zu entwickeln und dabei gleichzeitig die realistische Perspektive unserer eigenen Möglichkeiten in einer komplexen Welt nicht aus den Augen zu verlieren.

?

Wie können wir den Unterschied zwischen dem göttlichen und unserem individuellen Willen kennen?
Wo liegen die Grenzen, falls es solche gibt, für unsere Kreativität und Einflussnahme?
Können wir wirklich die Gesetze der Physik ändern?
Zu lernen, wirkungsvoll schöpferisch tätig zu sein – welche Art von Verantwortung bedeutet das?

Zusammenfassung

Es gibt zwei Wege des Denkens darüber, wie wir unseren Tag erschaffen. Der eine bedeutet eine Orientierung nach innen – wir passen unsere Wahrnehmungs- und Verhaltensfilter so an, dass uns unsere Tage positiver erscheinen, ohne dass sie sich objektiv gesehen verbessert hätten. Eine positive Veränderung der Einstellung kann einen Tag in ein wesentlich besseres Licht rücken als eine negative, aber die Ereignisse des Tages selbst ändern sich nicht. Oder wir wählen den Weg der Orientierung nach außen, bei dem unsere Gedanken buchstäblich die Welt beeinflussen, sodass Dinge, die normalerweise passiert wären, nicht mehr passieren und andere, die nicht geschehen wären, passieren. Der erste Weg verlangt eine psychologische Veränderung, während der zweite Weg eine radikale Veränderung der konventionellen Sichtweise der Realität erfordert.

Insgesamt könnte man sagen, dass der augenblickliche wissenschaftliche Beweis vermuten lässt, dass der Geist eine Rolle spielt, die die Neurowissenschaft noch nicht zufrieden stellend erklären kann. Das ist nicht die mehrheitliche Meinung innerhalb der etablierten Wissenschaften, aber man sollte fairerweise bemerken, dass dieser Widerstand eher in theoretischen Einwänden als in den Ergebnissen der experimentellen Versuche begründet liegt. Bei der Frage nach der Beziehung zwischen Geist und Materie gibt es einige theoretische Unterstützung durch die Quantenphysik und diese legt nahe, dass Geist und Materie möglicherweise in grundlegender Weise komplementär sind. Aber es gibt viele miteinander konkurrierende Interpretationen, was Quantentheorie eigentlich bedeutet, und so wäre der Versuch, einer Erklärung über Geist und Materie aus der Quantenphysik näher zu rücken als einer anderen, wahrscheinlich verfrüht.

Aber wir machen unerklärliche Erfahrungen bei der Erschaffung unseres Tages und wir sind Zeuge, wie sich eine Absicht, gepaart mit Synchronizität, auf mysteriöse Weise verwirklichen kann. Wenn das passiert, leben wir in einem Gefühl tiefer Übereinstimmung mit den Kräften des Universums. Wir nehmen teil an einem sichtbar werdenden, sich entfaltenden Mysterium und dieses Erlebnis macht für uns, die Schöpfer, unsere Tage lebenswerter.

Letztendlich liegt es bei uns selbst, welches Wertesystem wir wählen, um danach zu leben. Solange es noch mehr Fragen als Antworten gibt, ist es das Fragen an sich, das unserem Leben mehr Sinn verleiht.

„Aus der Dunkelheit heraus entsteht ein Traum, geboren aus der Macht der unverfälschten Intention, der Weisheit des Gleichmuts und des Mitgefühls sowie der des richtigen Handelns. Alls das bringt die Dinge zu einem klaren Abschluss. Diese drei schöpferischen Feuer lodern in jedem von uns als Spirale einer Energie, die ständig in Bewegung ist und niemals aufhört, die Früchte unserer Intentionen und Wünsche hervorzubringen."

Dhyani Ywahoo

?

Welches ist der konstruktivste Weg, Ihre Kreativität zu nutzen?
Wie können wir wissen, ob unsere individuellen Ziele mit denen des Kosmos in Einklang stehen?
Was bedeutet es zu wissen, dass wir uns ständig im kreativen Prozess befinden, egal ob wir uns dessen gewahr sind oder nicht?
Welchen Einfluss können negative Gefühle wie Wut, Kummer oder Eifersucht darauf haben, wie wir unseren Tag erschaffen?

Die Praxis, wie Sie Ihren Tag erschaffen

Wie gehen wir bei der Entwicklung einer Praxis zur Erschaffung unseres Tages vor? Kann es so einfach sein, wie bei jenem Tag, den Joe Dispenza gestaltet? Morgens einfach einen Moment innehalten, um darüber nachzudenken, was man an diesem Tag erreichen möchte? Joe konzentrierte sich dabei nicht auf das Stillen materieller oder emotionaler Bedürfnisse, sondern auf den Ausbau jener Qualitäten, die ihn besser in Einklang mit seinen tiefsten Werten brachten. Anschließend achtete er auf die entsprechenden Resultate. Hier einige Tipps für ein zielbewusstes Üben beim Entwerfen Ihres Tages:

Die Grundlagen der Übungen

- **Tägliches Üben** – Einer der Schlüssel für das Erreichen einer Fähigkeit ist das tägliche, disziplinierte Üben.

- **Wählen Sie einen Ort** – Finden Sie ein Platz, an dem es für Sie einfach ist, ungestört üben zu können. Wählen Sie eine Umgebung, die es Ihnen ermöglicht, einen inneren Fokus zu entwickeln und Ihren Geist zur Ruhe kommen zu lassen.

- **Das Anfangsritual** – Twyla Tharp, der bekannte amerikanische Choreograph, schreibt: „es ist absolut notwendig am Anfang eines kreativen Prozesses einige Rituale einzuführen – automatische, aber entscheidende Verhaltensmuster – sie verhindern Fragen wie: Warum bin ich hier? Warum mache ich das ...? Es löscht die Frage aus, ob ich mag, was ich da tue ... Ein Ritual ist ein automatischer Ausruf – und Antwortmechanismus, der dazu dient, eine Übung zu verankern. Ein organisiertes Werkzeug, eine tägliche Zeremonie, ein wiederholbarer Schnellstart."

- **Gehen Sie eine Verpflichtung ein** – Geben Sie sich selbst das Versprechen, da zu sein, präsent zu sein und sich ganz auf Ihre täglichen Übungen einzulassen. Thich Nhat Hanh, ein vietnamesischer Mönch und Buddhist, der für den Friedensnobelpreis nominiert war, lehrt seine Studenten, dass es im Leben viele Möglichkeiten gibt, eine Wahl zu treffen, aber „es ist niemals eine Wahl, nicht zu meditieren." Ihre Übung ist vielleicht nicht die Meditation, aber was immer es auch sein mag: Sie müssen sich ganz darauf einlassen, um es am Leben zu erhalten.

- **Entwickeln Sie Ihre Fähigkeiten** – Jon Kabat-Zinn, ein Meditationslehrer, schreibt: „Transformierender Wandel ... benötigt ein gewisses Maß an innerer Arbeit, eine Arbeit des Geistes." Er schlägt vor, dass „wir unsere Aufmerksamkeit auf die Entwicklung von etwas richten, was man vielleicht eine innere Technik nennen könnte. Das ungenutzte Potenzial menschlichen Geistes zur Entwicklung der individuellen und gemeinschaftlichen Kreativität sollte entsprechend zielgerichtet gefördert werden."

QUELLE: Mehr Informationen zu Twyla Tharp finden Sie auf *www.twylatharp.org*
Mehr Informationen zu den Lehren Thich Nhat Hanhs finden Sie auf *www.plumvillage.org/teachings/TeachingsInfo.htm*
Mehr zu Jon Kabat-Zinns Arbeit des geistigen Trainings in dem Artikel *„The Contemplative Mind in Society"*, Noetic Sciences Review # 35, p. 14, Autumn 1995 *http://www.ions.org/publications/archive.cfm*

- **Aufmerksamkeit und Gewahrsein** – Pat Allen, Künstler und Autor, stellt fest: „Ein Gewahrsein zu entwickeln für das, was der Geist kreiert, ist ein Ziel spiritueller Praktiken ... Wir erschaffen Gedanken, Gefühle und Ideen, die unsere Sicht auf die Welt und unsere Erfahrungen mit der Realität festlegen. Wir werden uns der Geschichten, die wir leben, bewusst. Wenn diese für uns sichtbar werden, können wir wählen, ob sie uns nützen, und ob wir eine Welt erschaffen, in der wir tatsächlich leben möchten. Damit öffnen wir uns nicht nur dem, was unser Geist hervorbringt - oftmals eine verrückte Affenjagd von Vorurteilen, Schuld und Gedanken, die sich im Kreis drehen - sondern auch dem, was unser Geist entwickeln könnte - Schönheit, Weisheit, Bedeutung."

- **Das Herz öffnen** - Spirituelle westliche und östliche Traditionen lehren, dass Liebe der Kern einer jeden spirituellen Praxis ist. William Tiller, der in dem Film ein Interview gibt und Ehrenprofessor der Stanford University (Department of Material Science) ist, hat sich ausgiebig mit dem bewussten Akt der Kreation befasst und dabei einige Schlüsselfaktoren herausgearbeitet.

  Er schreibt: „Ein erhabenes und liebendes menschliches Bewusstsein sind die Schlüsselqualitäten ... wir erschaffen unsere gemeinsame Zukunft durch unsere Gedanken, Haltungen und Handlungen, indem wir einen edlen Zustand von Seele/Geist und Herz aufrechterhalten. Des Ausübenden Liebe, Mitgefühl, Leidenschaft und die Hingabe zu dienen und zu wirken ist das, was die ‚unsichtbare' Unterstützung des Universums hervorbringen kann."

  QUELLE: Tillers Artikel *„Conscious Acts of Creation: The Emerge of A New Physics"* finden Sie auf seiner Website *www.tiller.org*

- **Eine Intention bestimmen** - Machen Sie eine klare Aussage bezüglich einer Absicht. Der Anthropologe Carlos Castaneda erinnert sich an das Schüler-Lehrer-Verhältnis zu seinem Lehrmeister Don Juan Genaro folgendermaßen: „Don Juan sagte immer zu mir: Mach eine Geste. Eine Geste ist nichts weiter als eine absichtliche Handlung, die durch die Kraft einer Entscheidungsfindung ausgeführt wird ... Sieh mal, der Weg des Herzens besteht nicht aus einer Straße unablässiger Selbstbetrachtung oder einer mystischen Flugreise, sondern aus dem Einbinden der Freuden und Sorgen der gesamten Welt." Kurz gesagt liegt die Bedeutung einer Intentionsfindung darin, sich an seinen Platz in einer größeren Gemeinschaft der Existenz zu erinnern. Das sollte in Form ganz konkreter Wege, die persönlich auf Ihr Leben zugeschnitten sind, geschehen.

- **Synchronizität** - Entwickeln Sie ein Gewahrsein der Synchronizität von Ereignissen, um den Wert eines Ergebnisses besser schätzen zu können.

Jean Shinoda Bolen, ein bekannter Analyst der Jung'schen Schule, stellte fest: „um ein Ereignis, dass auf Synchronizität basiert, schätzen zu können, muss man eine gewisse Aufnahmefähigkeit besitzen ... einen inneren, subjektiven Zustand, einen Gedanken, ein Gefühl, eine Vision, Traum oder Vorahnung und ein äußeres Ereignis instinktiv mit diesem Zustand verbinden ... und dabei eine spontane, emotionale Antwort spüren – eine Gänsehaut, Ehrfurcht oder ein Gefühl der Wärme ... Idealerweise sollte nicht die Möglichkeit bestehen, dieses Ereignis durch reinen Zufall oder durch Rationalität erklären zu können.

Gestalten Sie Ihre Übungen

Die Gestaltung dessen, wie Sie beim Erschaffen Ihres Tages vorgehen, kann für sich genommen schon ein sehr kreativer Prozess sein. Sehen Sie den Vorgang als ein Ritual. Hier sind einige Vorschläge dazu:

- **Schaffen Sie einen „Heiligen Ort"** – Einige Menschen lesen Gedichte, zünden eine Kerze an oder legen schöne Musik auf. Denken Sie an Handlungen, die ein Gefühl tiefer Verbundenheit zu den Dingen auslöst, die eine Bedeutung und Wert in Ihrem Leben haben.

- **Finden Sie Ihr Zentrum** – Möglicherweise ist das schon bei der Gestaltung des „Heiligen Ortes" geschehen. Zusätzlich können sie Meditation, Chanten, Singen, Yoga oder eine andere Technik der inneren Beruhigung anwenden, die Sie aufmerksamer und sensibler werden lassen.

- **Bestimmen Sie Ihre Intention** – Lassen Sie Ihre Intention in eigenen Worten aus Ihrem tiefsten Herzen entstehen. Freuen Sie sich auf den Tag, der vor Ihnen liegt. Jemand charakterisierte seine eigene Intention in etwa so:

„Ich entscheide mich für die Absicht, einen Tag voller Anmut und fließender Bewegung zu erleben. Ich befinde mich in Harmonie mit allem, was mir begegnet und in Kontakt mit meiner inneren Weisheit. Ich beabsichtige, mir genau bewusst zu sein, wann diese Verbindung schwächer wird, um den Kontakt dann wieder herzustellen. Es ist meine Absicht, dass die Menschen, die ich treffe, sich von mir wertgeschätzt und anerkannt fühlen."

Bejahende Affirmationen, Visualisierung und Inneres spüren

Wir können positive Absichten durch bejahende Aussagen ermöglichen. Nach Ansicht von Dhyani Ywahoo ermöglicht eine Affirmation (d.h. die Verwendung positiver Aussagen über sich selbst und die Welt) „das Sichtbarwerden verborgener Kräfte, die einem Menschen innewohnen". Dabei geht es nicht darum, Negatives zu leugnen oder zu begraben, sondern Körper und Geist ganz bewusst lebensbejahenden Gedanken und Energien zu öffnen. Sagen Sie Ihre Bejahungen im Präsens, sodass sie einen direkten Bezug zur Realität herstellen können.

Es kann sehr wirksam sein, Ihren Bejahungen zusätzlich Visualisierungen hinzuzufügen. D. Ywahoo schlägt dazu Folgendes vor:

> *„Bejahen Sie: – ‚Ich erkenne meine kreativen Talente,' und wiederholen Sie es drei Mal. Stellen Sie sich dann vor Ihrem geistigen Auge die Bewältigung einer entsprechenden Aufgabe vor. Wenn Sie beispielsweise eine bessere Beziehung zu Ihren Kollegen wünschen, stellen Sie sich vor, dass Sie und Ihre Kollegen gemeinsam im Kreis sitzen. Sie sind von schönem Licht umgeben, sprechen herzlich und offen miteinander und erreichen gemeinsam eine großartige Zusammenarbeit. Es ist wichtig, dass Sie Ihren eigenen Worten Glauben schenken und das Vertrauen in sich stärken, dass Ihre Talente sich in diesem Leben verwirklichen lassen."*

Etwas innerlich zu spüren stärkt die Intention Ihrer Vorstellungen. Der Golfspieler Bobby Jones behauptete, dass er häufig eine Melodie auf dem Golfplatz hörte und er dann sein bestes Spiel spielte, wenn er die Musik für den Rhythmus seines Schwungs nutzte. Hier ein Beispiel einer Visualisierung, die inneres Spüren einschließt:

> *Schließen Sie Ihre Augen und stellen Sie sich vor, Sie wären wieder ein Kind, das an einem warmen Frühlingstag hüpfend ins Freie kommt. Stellen Sie sich vor, dass Sie einen tiefen Atemzug nehmen, den Himmel sehen, die frische, reine Luft atmen und die Treppen hinunter einem neuen Tag entgegenstürmen.*

Üben Sie, sich Ihrer Gedanken bewusst zu werden, wenn Sie einen Lieblingssport ausüben, still zu Hause sitzen oder sogar, wenn Sie auf einer Party sind. Um es mit Henry James auszudrücken: „Versuchen Sie, einer der Menschen zu sein, an dem nie etwas umsonst vorbei geht." Üben Sie, sich sogar der kleinsten Dinge bewusst zu werden: Können Sie fühlen, wie Ihre Fingerspitzen morgens nach dem Aufwachen prickeln? Probieren Sie, Ihre Aufmerksamkeit auf verschiedene Orte Ihres Körpers zu lenken: Ihren Kopf, Ihre Zehen, Ihr Herz. Folgen Sie Ihren Traumbildern. Achten Sie darauf, wohin sie Sie führen.

Welchen Weg Sie auch immer wählen, schon allein die Absicht einer Intention setzt diesen Prozess in Gang. Wichtig ist, dass Sie ein bewussteres, zielgerichtetes Leben führen. Ob es nun schlagende wissenschaftliche Beweise für eine Auswirkung dieses Prozesses auf die materielle Welt gibt, spielt keine entscheidende Rolle. Ihr Leben wird sich von innen heraus verbessern.

Zum Schluss sei noch gesagt: Haben Sie Geduld mit sich. Ein Fortschritt während der Übungen kann nicht erzwungen werden. Aber seien Sie hartnäckig – Verbesserung erfordert Hingabe (oder wie es der legendäre Golf-Champion Ben Hogan einmal formulierte: „Je mehr ich trainiere, um so glücklicher werde ich"). Entspannen Sie sich, konzentrieren Sie sich, nehmen Sie sich nicht zu ernst, forschen Sie und nehmen Sie sich die Worte des Zen-Meisters Shunryu Suzuki-Roshi zu Herzen: „In dem Kopf eines Anfängers gibt es viele Möglichkeiten, in dem eines Experten nur wenige."

?

Was inspiriert Sie an der Möglichkeit, Ihren Tag selbst erschaffen zu können?
Wie beabsichtigen Sie, mit dieser Inspiration umzugehen?
Was möchten Sie in Ihre Übungen mit einschließen?
Was möchten Sie tun oder anwenden, um Ihre Übungen aufrechtzuerhalten?

ÜBUNG

Gestalten Sie Ihre Übungen. Sammeln und erstellen Sie inspirierende Literatur, Bilder, Objekte und Musik für Ihre Übungen. Legen Sie eine Zeit und einen speziellen Ort dafür fest. Seien Sie entschlossen und handeln Sie bestimmt. Suchen Sie nach der Unterstützung, die Sie brauchen, um Ihre Übungen aufrechtzuerhalten. Sehen Sie sich die Ergebnisse an. Bleiben Sie dran.

Zitate

„Eine der letzten menschlichen Freiheiten ist, seine Einstellung unter welchen Umständen auch immer frei wählen zu können und einen eigenen Weg einschlagen zu können." Viktor Frankl

„Achten Sie auf Ihre Sprache, wenn Sie die Absicht haben, einen ausgeglichenen Gemütszustand zu erreichen. Beginnen Sie den Tag mit der Zusage an eine friedliche, glückliche und zufriedene Einstellung und Ihre Tage werden angenehm und erfolgreich sein." Norman Vincent Peale

„Im Einflussbereich des Geistes ist das, was jemand glaubt, entweder wahr oder wird zukünftig wahr sein." John Lilly

„Im Leben geht es nicht um Selbstfindung. Im Leben geht es darum, sich selbst zu entwerfen." George Bernard Shaw

„Gehen Sie vertrauensvoll in die Richtung Ihrer Träume. Leben Sie das Leben, was Sie sich vorgestellt haben." Henry David Thoreau

„Morgen ist ein neuer Tag; beginnen Sie ihn klar und gut und mit einem Geist, der zu überragend ist, als dass er sich mit dem alten Unsinn belasten würde." Ralph Waldo Emerson

„Gelegenheiten entstehen, in dem man um sie bittet." Patty Hansen

„Kreativ zu sein, bedeutet, etwas ins Leben zu rufen ... Kreativität ist im Wesentlichen ein interner Prozess, der ständig in uns stattfindet." Peter Russell

„Die mächtigste Kraft hinter der Schöpfung wird als ein Bedürfnis des schöpferischen Prinzips beschrieben, Liebe zu geben und Liebe zu empfangen." Stanislav Grof

„Uns selbst als freie, kreative Energie zu begreifen, heißt, den Sinn des Lebens in dieser Welt zu begreifen." Bruno Barnhart

„Wenn die Seele etwas erfahren möchte, dann wirft sie ein Bild der Erfahrung vor sich und tritt in ihr eigenes Bild ein." Meister Eckhart

Zusätzliche Quellen

Literatur

Allen, Pat: "*Intention and Creativity: Art as Spiritual Practice.*" In: *The Soul of Creativity*, hrsg. von Tona Pearce Myers, 168-176. New World Library, 1999.

Barnhart, Bruno: *Second Simplicity*. Paulist Press, 1999.

Bolen, Jean Shinoda: „*Synchronistic Knowing: Understanding Meaningful Coincidence.*" In: *Inner Knowing: Consciousness, Creativity, Insight, Intuition*, hrsg. von Helen Palmer, 43-50. Tarcher/Putnam, 1998.

Bohm, David: *Wholeness and the Implicate Order*. Routledge. Neuauflage, 2002
(Dt. Ausgabe: *Die implizite Ordnung: Grundlagen eines dynamischen Holismus.* München: Goldmann, 1987).

Broughton, Richard S.: *Parapsychology: The Controversial Science.* Ballantine Books, 1. Auflage, 1991.

Capra, Fritjof: *The Tao of Physics*. Shambhala, 4. Auflage, 2000
(Dt. Ausgabe: *Das Tao der Physik: die Konvergenz von westlicher Wissenschaft und östlicher Philosophie.* München: Droemer Knaur, 1997).

Csikszentmihalyi, Mihaly: „*Society, Culture and Person: A Systems View of Creativity.*" In: *The Nature of Creativity*, hrsg. von R. Sternberg, 336. Cambridge University Press, 1988.

Combs, Allan und Holland, Mark: *Synchronicity: Through the Eyes of Science, Myth and the Trickster.* Marlowe & Company, 2. Auflage, 2000
(Dt. Ausgabe: *Die Magie des Zufalls: Synchronizität - eine neue Wissenschaft.* Reinbek bei Hamburg: Rowohlt, 1992).

Cooper, Rabbi David: *God is a Verb.* Penguin Putnam, 1997.

Diaz, Adriana: „*Brush with God - Creativity as Practice and Prayer.*" In: *The Soul of Creativity*, hrsg. von Tona Pearce Myers, 177-183. New World Library, 1999.

Goswami, Amit, Reed, Richard und Goswamie, Maggie: *The Self-Aware Universe: How Consciousness Creates the Material World.* Tarcher/Putnam, 1998
(Dt. Ausgabe: *Das bewusste Universum: wie Bewusstsein die materielle Welt erschafft.* Freiburg i. Br.: Lüchow, 1995).

Jung, Carl G.: „*Synchronizität als ein Prinzip akausaler Zusammenhänge.*" In: Jung, C.G. und Pauli, Wolfgang: *Naturerklärung und Psyche.* Zürich: Rascher, 1952
(Zitiert aus der engl. Ausgabe: *Synchronicity*, Bollingen Paperback Edition, 1973).

Nadeau, Robert und Kafatos, Menos: *The Non-Local Universe: The New Physics and Matters of the Mind*. Oxford University Press, neue Ausgabe der Hrsg., 2001.

McTaggart, Lynn: *The Field: The Quest for the Secret Force of the Universe.* Perennial Currents, 2003.

Montuori, Alfonso und Purser, Ronald: *Social Creativity*. v. 1. Hampton Press, 1996.

Radin, Dean: *The Conscious Universe: The Scientific Truth of Psychic Phenomena.* Harper SanFrancisco, 1. Auflage, 1997.

Sheldrake, Rupert: *The sense of being stared at and other aspects of the extended mind*. London, Random House Uk Ltd, 2004
(Dt. Ausgabe: *Der siebte Sinn des Menschen: Gedankenübertragung, Vorahnungen und andere unerklärliche Fähigkeiten.* Frankfurt a.M.: Fischer, 2006).

Talbot, Michael: *The Holographic Universe*. Perennial, Nachdruck, 1992 (Dt. Ausgabe: *Das holographische Universum: die Welt in neuer Dimension*. München: Droemer Knaur, 1994).

Targ, Russell: *Limitless Mind: A Guide to Remote Viewing and Transformation of Consciousness*. Novato, CA: New World Library, 2004.

Tharp, Twyla: *The Creative Habit: Learn it and Use it for Life*. Simon & Schuster, 2003.

Ywahoo, Dhyani: *Voices of Our Ancestors*. Shambhala, 1. Auflage, 1987 (Dt. Ausgabe: *Am Feuer der Weisheit: Lehren der Cherokee-Indianer*. Zürich/München/Berlin: Theseus, 1996).

Internet

IONS Distant Healing project website: *http://www.ions.org/research/dh.cfm*

Library of Exploratory Science website: *http://www.c-far.net/litbase/litbase.jsp*

Parapsychological Association website: *http://www.parapsych.org*

Parapsychology Foundation's Lyceum website: *http://www.pflyceum.org*

Rupert Sheldrakes deutsche Website: *www.sheldrake.org/deutsche*

Online-Artikel

Braud, William: *Distant Mental Influence: Its Contributions to Science, Healing, and Human Interactions (part of the „Studies in Consciousness Series"), http://www.espresearch.com*

Mitchell, Edgar: *„As the Paradigm Shifts. Two Decades of Consciousness Research"*, in: Noetic Sciences Review # 24, p. 7, Winter 1992, *(http://www.ions.org/publications/archive.cfm)*.

Schlitz, Marilyn: *„IONS Launches Consciousness and Causality Laboratory"*, in: Noetic Sciences Review # 60, June - August 2002, *(http://www.ions.org/publications/archive.cfm)*.

Tiller, William, Website Archives:*„Subtle Energies" http://www.tiller.org* (Archived Papers, accessed November 18, 2004).

Tiller, Website Archives: *„Conscious Acts of Creation: The Emergence of A New Physics" http://www.tiller.org* (New Papers, November 18, 2004).

KAPITEL IV

Die Vergangenheit heilen

Wie setzt sich Erfahrung in unseren Gehirnen fest?
Wie können wir uns von alten Verhaltensmustern befreien?
Was ermöglicht eine Heilung?

„Wir müssen bereit sein, Abschied von einem Leben zu nehmen, das wir geplant haben, um das Leben führen zu können, was tatsächlich vor uns liegt ... Die alte Haut muss abgestreift werden, bevor eine neue wachsen kann." Joseph Campell

„Wir sind, was wir denken. Alles, was wir sind, entsteht durch unsere Gedanken. Mit unseren Gedanken gestalten wir die Welt." Buddha

In dem Film *What the Bleep Do We (K)now!?* hat Amanda (Marlee Matlin) mit plötzlichem Erinnern, großen Ängsten, einem geringen Selbstwertgefühl und – nicht zu vergessen – einem Kater zu kämpfen.

Am Morgen nach einem bestimmten, grauenvollen Erlebnis blinzelt sie in den Spiegel und hat während ihres „Zusammenbruchs" eine Erscheinung. Sie stellt sich vor, dass die gewaltsamen Gedanken, die sie hegt, möglicherweise die Zellstrukturen im Inneren ihres Körpers beschädigen könnten. Diese Einsicht hat eine komplette Änderung ihres Verhaltens zur Folge. Sie wechselt von der Ablehnung ihrer Person zu Mitgefühl und Eigenliebe.

Was verursacht Amandas Zusammenbruch? Was ist die Basis für ihre Veränderung? In welcher Weise beeinflussen Amandas Gedanken ihren Körper? In den letzten 25 Jahren ist der Fachbereich, der die Beziehung zwischen Geist und Körper erforscht, schnell gewachsen und hält einen entscheidenden Durchbruch bei der Beantwortung dieser Fragen für uns bereit.

Die Wissenschaft

Neuronale Netze

Eines der erstaunlichen Dinge des menschlichen Gehirns ist seine Fähigkeit, auf höchstem Niveau komplexe Zusammenhänge zu erfassen, auf mehrere Reize in unserer Umgebung gleichzeitig reagieren und sehr schnell entscheiden zu können, was bestimmte Dinge bedeuten und wie auf sie reagiert werden sollte.

Wir müssen nicht in jeder Situation eine neue Entscheidung treffen, weil sich durch die Wiederholung bestimmter Erfahrungen Assoziationen bilden. Mit anderen Worten: Wir lernen von unseren Erfahrungen und das, was wir lernen, färbt auf unser Verhalten in neuen Situationen ab.

Die neuronale Basis für diese Art des Lernens nennt sich „Langzeit-Potenzierung". Das bedeutet, dass die Verbindungen zwischen den neuronalen Zellen gestärkt werden, wenn sie wiederholt stimuliert werden. Wenn also eine Glocke jedes Mal dann ertönt, wenn es etwas zu essen gibt, wird Ihnen nach gewisser Zeit jedes Mal dann das Wasser im Mund zusammenlaufen, wenn die Glocke ertönt. Das gilt auch, wenn es gar nichts zu essen gibt (die Pawlow'schen Hunde ... erinnern Sie sich?). Eine neuronale Bahn, die eine Verbindung zwischen Glocke und Essen herstellt, wurde etabliert und durch Wiederholung gestärkt. Das ist die klassische Konditionierung. Aber es gibt noch viele andere Arten des assoziativen Lernens.

QUELLE: Mehr Informationen über Langzeit-Potenzierung finden Sie in dem Artikel *„Long-Term Potentiation – A Decade of Progress?"* von Robert C. Malenka und Roger A. Nicoll auf *http://monitor.admin.musc.edu/~cfs/IT/LTP_review.pdf*

Ein Problem entsteht, wenn dieses sonst so vorteilhafte und flexible System von negativen Reaktionen auf normalerweise harmlose Reize überfallen wird. Es scheint so, als könne unser Gehirn nicht nur durch wiederholte Erfahrungen programmiert werden (denn auf diese Weise lernen wir), sondern auch durch extreme Erfahrungen. So kann z. B. eine einzige Dosis Kokain unseren Organismus derart stimulieren, dass er beim nächsten Mal mit einer regelrechten Gier auf das Vorhandensein der Droge reagiert. Veränderungen im Gehirn und assoziatives Lernen können aber auch Folge einer traumatischen Erfahrung sein. Bildgebende Verfahren machen es möglich, das Gehirn während seiner Aktivität zu beobachten. Dadurch kann man erkennen, wie ein Trauma die Struktur und Funktionsweise des Gehirns tatsächlich verändert. Ein hervorstechendes Merkmal bei den Aufnahmen der Gehirne von Menschen mit Beziehungs-, Lern- und/oder sozialen Problemen besteht darin, dass Unregelmäßigkeiten in Struktur und Funktionsweise deckungsgleich mit denen einer posttraumatischen Belastungsstörung sind.

QUELLE: Mehr Informationen über das Heilen von Traumata finden Sie in dem Artikel *„Emotional and Psychological Trauma: Causes, Symptons, Effects and Treatment"* auf der Website:
http://www.helpguide.org/mental/emotional_psychological_trauma.htm
Informationen zu neurologischen Folgen des Traumas unter *„Wounds That Never Heal"* von D. Goleman auf
http://cms.psychologytoday.com/articles/pto-19920101-000036.html

Im Film werden wir zu der Annahme verleitet, dass Amandas neuer Mann eine Affäre hatte und Amandas Schmerz darüber zur Trennung führte. Hat die Erfahrung des Betrugs eine Assoziation im Gehirn und die dazu gehörende neuronale Bahn geschaffen, die dann bei der Hochzeit zur Wirkung kam? Amandas vorherige Erfahrung könnte ihre Wahrnehmung der Realität verzerrt haben. Carl Gustav Jung nannte seine Verzerrungen „Projektionen", ein psychologischer Prozess, bei dem die Welt zu einer Leinwand wird, auf die wir Bilder unserer Vergangenheit projizieren.

Aber Amandas Zusammenbruch hatte möglicherweise tiefere Ursachen als den kürzlich zurückliegenden Betrug ihres Ehemanns. Die Bindungstheorie, erstmals von John Bowlby vorgestellt, geht davon aus, dass Kinder durch ihre Beziehung zu ihren ersten Bezugspersonen ein „inneres Arbeitsmodell" entwickeln, das ihre Erwartungen im Hinblick auf Beziehungen und den Blick auf die Welt insgesamt für den Rest ihres Lebens prägt. Frühkindliche Erfahrungen mit ihren Bezugspersonen bringen ein Kind dazu, sich im Geiste Anhaltspunkte für die Sensibilität und Ansprechbarkeit der Bezugsperson zu setzen und ein Gefühl dafür zu entwickeln, in welchem Ausmaß sie Liebe verdienen. Nach und nach werden diese Muster zu einem interpretierenden Filter, durch den die Kinder neue Erfahrungen und Beziehungen konstruieren, sodass sie mit den Erwartungen und Erfahrungen der Vergangenheit übereinstimmen. Dieser Filter hat dann verinnerlichte Regeln beim Umgang mit anderen zur Folge.

Die Theorie sagt voraus, dass Kinder mit sicheren oder auch unsicheren Bindungen anhand ihrer Erwartungen bezüglich Wärme und Intimität auf andere reagieren. Diese Erwartungen haben, im Guten wie im Schlechten, möglicherweise den Effekt, dass sie genau die Art von Reaktionen bei anderen auslösen, die ihren ursprünglichen Erwartungen entsprechen. Traurigerweise scheint es so zu sein, dass wir in Erwartung einer Ablehnung und der entsprechenden Wappnung dagegen auch eher diese Erfahrung machen werden. Man könnte auch sagen, wir finden das, was wir suchen.

QUELLE: Mehr Informationen über innere Arbeitsmodelle in dem Artikel *„Early Understanding of Emotion, Morality and Self-Developing a Working Model"* von Ross A. Thompson, Deborah J. Laible und Lenna L. Ontai auf *http://psychology.ucdavis.edu/labs/Thompson/pubs/ThompsonLaibleOntai.pdf*

?

In welchen emotionalen Situationen befinden Sie sich wiederholt? Wie sind Ihre Erwartungen im Hinblick auf Ihre Beziehungen zu Freunden, Liebhabern, Familienmitgliedern, Kollegen und Angestellten?
Aus Ihrer Sicht: Welchen Anteil haben bei Ihren Erfahrungen die Konditionierungen aus der Vergangenheit?
In welcher Hinsicht wäre Ihr Leben anders, wenn Sie von diesen Konditionierungen frei wären?

Moleküle der Emotionen

Aber es steckt noch mehr hinter unserem emotionalen Verhalten als nur eine Schaltung im Gehirn. Nach Ansicht der Neurobiologin Candace Pert fließt jede Emotion auch als chemische Substanz, genannt „Neuropeptid", durch unseren Körper. Diese Neuropeptide sind kurze Aminosäureketten oder Proteine, die mit jeder einzelnen Zelle unseres Körpers kommunizieren. Perts Untersuchungen lassen vermuten, dass diese Moleküle eine entscheidende Rolle dabei spielen, in welcher Weise wir Erfahrungen wahrnehmen oder bewusste Entscheidungen treffen. Pert zufolge „entscheiden unsere Emotionen darüber, was einer Beachtung wert ist ... Die Entscheidung darüber, welcher Gedanke es in unser Bewusstsein schafft und welcher ein unverarbeitetes Gedankenmuster tief in unserem Inneren bleibt, wird von den Rezeptoren [einem Körper umspannenden, biochemischen Informationsnetzwerk] vermittelt."

Warum enden wir immer in der gleichen Art von Beziehung, haben die gleichen Auseinandersetzungen, haben mit der gleichen Sorte Chefs zu tun? Pert meint, dass bei einer ständigen Bombardierung der Rezeptoren mit bestimmten Peptiden diese Rezeptoren immer unsensibler werden und eine größer werdende Anzahl dieser Peptide benötigen, um stimuliert zu werden. Die Rezeptoren beginnen regelrecht nach jenen Neuropeptiden zu hungern, die für sie bestimmt sind. In diesem Sinne ist unser Körper also von emotionalen Zuständen abhängig. Wenn wir wiederholt Erfahrungen machen, die dieselbe emotionale Reaktion hervorruft, wird unser Körper einen Appetit für diese Art von Erfahrungen entwickeln. Ähnlich wie Drogenabhängige werden wir von Erfahrungen angezogen, die uns diesen Kick verschaffen.

QUELLE: Die UCLA-Forscher Daniel Siegel und Alan Schore haben eine neurobiologische Bindungstheorie entwickelt, die Sie auf dieser Seite finden:
http://www.themetro.com/redecision/pastart_s2000.htm
Artikel, die sich mit den Molekülen von Emotionen beschäftigen und mehr zu Candace Pert finden Sie unter: *www.candacepert.com*
http://66.201.42.16/viewcat.php3?catid=87&kbid=ionsikc
http://66.201.42.16/viewitem.php3?id=92&catid=87&kbid=ionsikc
http://66.201.42.16/viewitem.php3?id=606&catid=87&kbid=ionsikc

?

Wie fühlt es sich an, Eifersucht, Liebe oder Ekstase als chemische Moleküle zu sehen?
Wie fühlt es sich an, Ihre Emotionen als Abhängigkeiten zu sehen?
Worin liegt der Vorteil, wenn Sie Emotionen auf diese Weise betrachten?
Verlieren wir eventuell auch etwas durch diese Art des Denkens?

Sind wir für den Rest unseres Lebens festgelegt?

Es sieht ganz danach aus, als wären wir durch unsere Erfahrungen neurologisch derart konditioniert, dass unsere Sicht auf die Welt und die Art des Kontakts zu anderen Menschen programmiert ist. Können wir diese Programmierung überwinden? Können wir unser verinnerlichtes Arbeitsmodell ändern und damit die Tendenz beseitigen, auf unsere Umgebung und andere Menschen in einer Art zu reagieren, wie sie möglicherweise gar nicht mehr angemessen ist? Können wir tatsächlich das Gehirn neu verdrahten und uns erfolgreich neu „meta-programmieren"?

Wenn wir berücksichtigen, wie emotionale Muster sich in unserem Gehirn verankern, ist es doch erstaunlich, wie oft wir uns doch ändern. Eine Nah-Tod-Erfahrung, die Geburt eines Kindes, eine Vision, eine neue Liebesbeziehung oder eine Änderung der Konfession können tiefe Veränderungen der Wahrnehmung und der Identität zur Folge haben. Das Leben eines Menschen kann sich auch radikal durch Meditation, Diät, Sport und korrigierende Erfahrungen in Liebesbeziehungen oder in einer Psychotherapie ändern. Einige ändern sich durch die Einnahme von Medikamenten, andere, indem sie aufhören Drogen zu nehmen. Einige verändern sich zu ihrem Vorteil, andere zum Nachteil.

Während man früher annahm, dass das Gehirn im Kleinkindalter mit der Entwicklung aufhört, zeigen neue spannende Studien, dass die Neuordnung zwischen den Nervenzellen (Neuroplastizität) unser ganzes Leben lang fortdauert. Weitere Studien zeigen, dass wir ebenfalls während unseres ganzen Lebens in der Lage sind, neue Nervenzellen zu produzieren (Neurogenese). Wir können uns ändern, weil Neuronen von Natur aus flexibel und erneuerbar sind.

Die Rezeptoren für die Moleküle von Emotionen ändern sich sowohl in ihrer Empfindlichkeit als auch in ihrer Anordnung mit anderen Proteinen innerhalb der Zellmembrane. In der komplexen Welt unserer Biochemie liegt Pert zufolge „unser Potenzial für Veränderung und Entwicklung." Verschiedene Arten von Intentionstraining - Visualisierung zum Beispiel - können dabei behilflich sein, passende Informationen auf die Ebene des Bewusstseins zu heben. Aber die Weisheit des Körpers funktioniert auf noch mysteriösere Art. „Die unbewusste Gedankenwelt des Körpers scheint allwissend und allmächtig zu sein und kann in manchen Therapien für eine Heilung oder Veränderung eingespannt werden, ohne dass das Bewusstsein jemals mitbekommt, was da passiert" sagt Pert.

Die Biochemie der Heilung

Unsere Biochemie bestätigt uns also in der Fähigkeit zu wählen und in unserem Potenzial zur Selbstheilung. Während eine Heilung ohne Anstrengung des Bewusstseins erfolgen kann, scheint es so, als könnten wir den Prozess selbst durch bewusste Praktiken beschleunigen. Neuere Studien belegen, dass die verschiedenen Formen der Psychotherapie nicht nur den Gemütszustand verändern können, sondern auch den physischen Zustand des Gehirns. Dies betrifft zum Beispiel einen erhöhten Blutzufluss und einen normalisierten Stoffwechsel in jenen Hirnregionen, die die Emotionen regulieren, also in der Amygdala (Mandelkern) und im präfrontalen Kortex. Sehr interessante neue Studien belegen außerdem, dass Therapiegespräche auf das Gehirn eine ähnliche Wirkung wie Antidepressiva haben.

QUELLE: Mehr Informationen über die Erforschung neurologischer Auswirkungen der Psychotherapie finden Sie unter *„Brain Blood Flow Changes in Depresses Patients Treated With Interpersonal Psychotherapy or Venlaflaxine Hydrochloride"* in: Martin, S., Martin, E., Rai, S., Richardson, M. und Royall, R.: *Arch Gen Psychiatry*, 2001, 58: S. 641-648, unter *http://archpsych.ama-assn.org/cgi/content/short/58/7/641* und *http://archpsych.ama-assn.org/cgi/content/short/58/7/631*

Es scheint also, als sei unsere Konditionierung weniger unser Schicksal als vielmehr die Anfangsbedingung unserer Existenz. In der Biochemie des Körpers gibt es einen Ozean an neuen Mustern und Möglichkeiten, die nur darauf warten, erlernt zu werden, um dann zu neuen Zielen aufzubrechen. Wir können etwas tun, um die vorprogrammierten, mechanischen Antworten auf die uns umgebende Welt zu reduzieren. Damit vergrößern wir unsere Fähigkeit, die Welt immer wieder als eine neue Erfahrung zu begreifen - von Moment zu Moment.

Wie können wir geheilt werden?

„Wunder beruhen nicht so sehr auf Gesichtern, Stimmen oder Heilkräften, die uns aus der Ferne erreichen, sondern auf unseren eigenen, verfeinerten Fähigkeiten der Wahrnehmung, sodass unsere Augen für einen Moment sehen und unsere Ohren für einen Moment hören, was uns im Grunde immer umgibt."
Willa Cather

Wenn Heilung bedeutet, frei von konditioniertem, vorprogrammiertem Verhalten auf unsere Umgebung zu werden, dann ist die Fähigkeit, unverbrauchte und kreative Antworten in allen Situationen des Lebens zu finden, ein Merkmal dieser Heilung. Freiheit bedeutet dann nicht die Existenz einer neuen oder besseren Geschichte, sondern die Fähigkeit, jede beliebige Geschichte oder Identität leichter zu nehmen und wenn nötig zu ändern. Wie können wir geheilt werden?

Eine Unmenge spiritueller Lehren, Psychologien und Philosophien haben sich mit dieser Frage auseinandergesetzt. Philosophen nicht-dualer Lehren sagen uns, dass die Grundlage einer Veränderung darin besteht, das Selbst nicht länger in Abspaltung von Gott zu sehen (die schöpferische Kraft, die alles zum Leben erweckt), sondern sich mit dieser Kraft zu identifizieren. Die Heilung umfasst daher den ganzen Körper, den Geist und die Seele, die sich dann in vollständiger Verflechtung miteinander und dem göttlichen Prinzip befinden. A. H. Almass drückt diesen Prozess so aus:

> *„In dem Moment, wo du dir des Teufelskreises aus defensivem Verhalten bewusst wirst, kannst du klar erkennen, dass das, was du zurückgewiesen hast, du selbst bist und diese Zurückweisung unnütz und sinnlos ist. Dann wirst du dich entspannen und damit aufhören. Ein vollkommenes Verständnis dieses Kreislaufs bedeutet Stillstand des Räderwerks. Die Persönlichkeit gründet sich dann auf Klarheit. Diese Klarheit entsteht, weil keine Bewegung im Inneren der Persönlichkeit sie mehr vom Sein trennt. Wie du siehst, ist diese Erkenntnis nur durch eine Menge harter Arbeit möglich.*
>
> *Es braucht eine lange Zeit, um das ganze Ausmaß der Aktivität eines Egos zu erfassen. Das Ganze als einen Versuch zu sehen, es ganz direkt zu sehen - nicht aus einer distanzierten Perspektive - wird durch ein tiefes Erforschen der Persönlichkeit aus dem Innern heraus möglich. Wenn du es als Ganzes begreifst, wird jene Bewegung, die dich mit dem Rest der Gesellschaft verbindet, zum Stillstand kommen. Wenn diese Bewegung zum Stillstand kommt, wirst du zu einer reinen, klaren Persönlichkeit werden - einer Seele ohne Egostrukturen ... Zum ersten Mal wirst du dann die wirkliche Substanz deiner Persönlichkeit ohne Anwesenheit von Vergangenheit erkennen."* *(http://www.ridhwan.org)*

Eine Heilung tritt ein, wenn wir die Blockierungen, die diesem natürlichen Vorgang im Weg stehen, lösen können. Dieser Prozess wird beschleunigt, wenn wir bewusst an ihm teilnehmen. Die kürzlich erschienene Anthologie *Consciousness and Healing: Integral Approaches to Mind-Body Medicine* (von Marylin Schlitz u. a.) enthält zahlreiche Darstellungen und Leitfäden, um das Bedürfnis nach Bewusstmachen des Unbewussten stillen zu können. Wir sollten uns aber darüber im Klaren sein und Respekt vor der Tatsache haben, dass unsere normalen Denkweisen bei der Befreiung von diesen Verhaltensmustern nicht hilfreich sind. Einstein sagte: „Man kann ein Problem nicht auf der gleichen

Ebene lösen, auf der es entstanden ist." Der Schlüssel liegt in der Bereitschaft, den Prozess in Gang bringen zu wollen.

Leichter gesagt als getan. Der Wille kommt nicht von allein, wenn wir ein ganzes Leben damit verbracht haben, unsere Version von Realität zu bestärken. Manchmal müssen wir, so wie Amanda, auf dem Boden aufschlagen, um zu verstehen, wie gefangen wir eigentlich sind. Oder wir erwachen schmerzhaft, wenn wir uns dabei ertappen, dass wir wie unsere Eltern handeln, was oft der Fall ist, wenn wir selbst Eltern werden. Wir ändern uns selten ohne Unbehagen. Wir ändern noch nicht mal die Sitzposition in einem Stuhl, ohne uns dabei unwohl zu fühlen. Wir ändern unser Denken mit dem Unbehagen einer Unstimmigkeit in der Wahrnehmung (einer Unstimmigkeit zwischen unseren ursprünglichen Überzeugungen und unseren jetzigen Handlungen). Wir ändern unser Verhalten, wenn wir uns unbehaglich bei der Durchkreuzung unserer Bedürfnisse fühlen. Wir ändern unsere Herzen, wenn sie durch Trauer oder große Freude erschüttert werden. Ein Leiden ist nicht unbedingt notwendig, aber mit Sicherheit ein großer Anstoß für eine Änderung. Wir können auch durch ein großartiges Erlebnis, ein inspirierendes Buch, ein Kunstwerk oder einen Menschen eine Ahnung unseres Potenzials bekommen. Eine Vielzahl von Möglichkeiten kann unsere Vorstellungskraft in einer Weise öffnen, wie wir sie am wenigsten vermutet hätten.

?

Wodurch wird Ihr Bedürfnis nach Heilung geweckt?
Was ermöglicht Ihnen, sich diesem Prozess verpflichtet zu fühlen?
Was waren die wichtigsten Auslöser für Ihren Heilungsprozess?
Was könnte diesen Prozess verhindern?

Die verschiedenen Phasen der Heilung

Obwohl Heilung und Veränderung viele Gesichter haben können, besitzen sie offensichtlich feste Abläufe. Während dieser verschiedenen Phasen entwickeln sich die notwendigen Fähigkeiten zur Heilung. Der erste Schritt, die Vergangenheit zu heilen und Verhaltensmuster zu ändern, besteht darin zu erkennen, dass man tatsächlich seine alten Wunden immer wieder neu in Szene setzt. Deepak Chopra sagt dazu: „Ein Teil der Aufgabe, ein größeres Bewusstsein im Leben zu erlangen, besteht darin, Reaktionen wahrzunehmen, die vorher unbewusst abgelaufen sind. Diese Erkenntnis ist der erste Schritt hin zur Meisterung der eigenen Reaktionen und zur Veränderung alter Konditionierungen. Indem Sie mehr und mehr von Ihren inneren Abläufen wahrnehmen, werden Sie verstehen, in welcher Weise Ihre Gewohnheiten Sie zu alten Verhaltensmustern ermutigen. Sie werden erkennen, wie Sie durch das Ignorieren der alten Spuren neue Reaktionen wählen und andere Ergebnisse produzieren können." Der Förderung der Aufmerksamkeit kommt daher eine entscheidende Rolle während der Heilung zu. Wissenschaftliche Studien belegen sogar, dass sich das Gehirn durch kontemplative Praktiken verändern kann.

QUELLE: Umfassende Besprechungen über den Nutzen von Meditation finden Sie in folgenden wissenschaftlichen Studien unter:
http://www.ions.org/research/medbiblio/index.htm und
http://www.pnas.org/cgi/content/full/101/46/16369 sowie
http://www.alite.co.uk/readings/brain_and_mind/brain_and_mind4.htm

Menschen, die lange meditiert hatten, zeigten die Fähigkeit, bei sich selbst beruhigende Hirnströme auslösen zu können. Diejenigen, die einen achtwöchigen Kurs in Meditation belegt hatten, zeigten bereits nach dieser relativ kurzen Zeit Veränderungen im Gehirn, die mit positiven Emotionen einhergingen und noch sechs Monate später bestanden. Die Testpersonen zeigten sogar verbesserte Reaktionen des Immunsystems nach einer Injektion von Grippeviren. (Lesen Sie dazu auch Richard Davidsons Arbeit an der Universität von Wisconsin:
http://psych.wisc.edu/faculty/bio/davidson.html

Mit Meditation beginnen: Mehr Informationen zu Übungen der Aufmerksamkeit und des Bewusstseins finden Sie unter: *http://www.wildmind.org/meditation/mindfulness/intro.html*

Was für eine Befreiung!

Die Heilung beginnt, sobald wir die Ursache unserer Verwundung erkannt haben. Psychologen glauben, dass unsere verankerten Verhaltensmuster eine Verteidigung gegen den Schmerz des ursprünglichen Traumas ist, egal, ob es nun ein offenkundiges Trauma, ein Unfall, sogar die eigene Geburt oder subtile Formen des Missbrauchs oder der Vernachlässigung sind, die unsere Kindheit geprägt haben. Nach Ansicht des Trauma-Experten Peter Levine wiederholen wir die Vergangenheit, weil natürliche Prozesse der Trauma-Verarbeitung fehlerhaft verlaufen sind. Levine postuliert, dass unsere rigiden Antworten auf die Welt „aus einem eingefrorenen Überrest an Energie stammen, der nicht freigelassen und gelöst wurde. Dieser Überrest bleibt im Nervensystem gefangen, wo er an unseren Körpern und Seelen schweren Schaden anrichten kann." Ähnlich formuliert es der Psychologe und umstrittene Pionier der somatischen Psychotherapie, Wilhelm Reich, der davon ausging, dass die unausgedrückten Emotionen der Vergangenheit im „Panzer des Körpers" aufbewahrt werden. Die Befreiung dieser Energie durch körperorientierte Psychotherapie ist Reich zufolge entscheidend für eine Heilung.

Der Theoretiker der Transpersonalen Psychologie, Stanislav Grof, stellt dazu fest: „Die vollständige Äußerung eines Gefühls ist dessen endgültiger Scheiterhaufen." Das bedeutet in letzter Konsequenz, dass durch eine Befreiung der Energie auch das Trauma gelöst wird. Zahlreiche Therapien sollen helfen, diese in Körper und Geist gefangene, zentrale Energie zu lösen. Diese sind z.B. die holotrope Atemarbeit, die Bewertungs-Analayse, der Hoffmann-Quadrinity-Prozess, Somatische Trauma-Arbeit und die Arbeit am Inneren Kind. Was ihnen allen gemeinsam ist, ist die grundlegende Annahme, dass bei einer Heilung jene Aspekte der Erfahrungen mit Liebe versehen werden müssen, die bisher vernachlässigt wurden. Liebe wird dabei als ein Vorhandensein der gesamten Aufmerksamkeit und des bedingungslosen Akzeptierens definiert.

ÜBUNG

Sie können die Quelle Ihrer eigenen abhängig machenden Emotionen durch Befragung Ihres Körpers erfahren. Wenn Sie sich elend fühlen, lenken Sie die Aufmerksamkeit von der aktuellen Geschichte ab und lassen Sie ihre Gedanken schweifen. Nehmen Sie einige tiefe Atemzüge und spüren Sie dem Gefühl in Ihrem Körper nach. Atmen Sie weiter und spüren Sie weiter den sich verändernden und tiefer werdenden Atemzügen nach. Lassen Sie Ihren Körper jene Haltung einnehmen, mit der Sie sich am besten fühlen. Fragen Sie sich: „Was ist für mich in diesem Moment wirklich wahr?" Es hilft, wenn Sie dabei eine/n Freund/in an Ihrer Seite haben, der/dem Sie vertrauen.

Die heilende Kraft der Liebe

Die aktuelle Forschung erhält langsam einen Einblick in etwas, was Eltern nie bezweifelt haben: Liebe heilt. Jeder weiß, dass ein verletztes Knie, vom Vater oder der Mutter geküsst, nicht mehr so wehtut. Als wir Kinder waren, konnte eine liebende Umarmung fast alles Vergessen machen. Liebe spielt eine so herausragende Rolle auf dem Weg der Heilung und Veränderung, dass es unmöglich wäre, sie aus irgendeinem Aspekt dieses Prozesses herauszunehmen.

In ihrem Buch *A General Theory of Love* stellen Tom Lewis, Fari Amini und Richard Lannon Beweise aus so unterschiedlichen Bereichen wie der kognitiven Neurowissenschaft und der Evolutionsbiologie zusammen, um darzulegen, dass die ursprüngliche Hirnregion, welche viel älter als die Vernunft oder das Denken ist, für die Fähigkeit und das Bedürfnis nach emotionaler Nähe verantwortlich ist. Allen Menschen ist dieses Bedürfnis gemeinsam. *A General Theory of Love* beschreibt die Funktionsweise dieses uralten, zentralen Bandes und legt dar, dass unser Nervensystem nicht autark funktioniert, sondern sich mit den Gehirnen uns nahe stehender Menschen verbindet. Das geschieht durch einen stillen Rhythmus, der uns mit der zentralen Lebensenergie unseres Körpers versorgt. Diese stillen und mächtigen Bande bestimmen unsere unterschiedlichen Stimmungen, stabilisieren und erhalten unsere Gesundheit und unser Wohlbefinden und ändern die Strukturen unseres Gehirns. Damit hängt ein großer Teil dessen, was wir sind und was wir werden, von den Personen ab, die wir lieben.

QUELLE: Mehr Informationen über eine Studie, die sich mit den Auswirkungen von Trainingspartnern auf Krebspatienten in Bezug auf Liebe, Mitgefühl, der Lebensqualität der Patienten und ihrer Bindung zu Partnern beschäftigt, finden Sie auf *www.noetic.org/research/files/program2.pdf* und *www.noetic.org/publications/shift7issues1/s1_frontiers.pdf*

Vergebung

Viele schmerzhafte Verhaltensmuster der Vergangenheit haben sich in unserem „System" hinter den Gittern von Schuld und Scham eingeschlossen. Wir möchten annehmen, dass jemand – wir selbst oder andere – etwas falsch gemacht haben müsse, wenn es uns schlecht geht. Vergebung ist ein zentraler Schlüssel für die Heilung der Vergangenheit. Gerald Jampolsky, Arzt und Autor des Buches *Verzeihen ist die größte Heilung*, sagt: „Vergebung bedeutet den Prozess des Loslassens von negativen Urteilen über andere und von der negativen Beurteilung und Selbst-Verdammung der eigenen Person ... Vergebung bedeutet den Willen, all Ihren Ärger und Ihre Qual an eine höhere Macht abzugeben und darauf zu vertrauen, dass sie sich in Liebe verwandeln werden."

Untersuchungen haben gezeigt, dass Vergebung einen nützlichen Heilungseffekt haben kann. Dr. Fred Luskin, Wissenschaftler des *Forgiveness Project* der Stanford University, sagt: „Auf kontrollierten Studien basierende Untersuchungen haben kürzlich gezeigt, dass Übungen im Vergeben einen positiven Effekt bei der Reduzierung von Stress und Verletzungen haben." Luskin konzentriert sich auf die Übung des Vergebens als einer Methode, den Ärger und den Schmerz zu entschärfen, die ein Gefühl des Verletztseins mit sich bringen. Das könnte bedeutende Auswirkungen für die Vorbeugung und Behandlung von Herz-Kreislauf-Erkrankungen und anderer chronischer Krankheiten haben. Diese Feststellung über Vergebung resultiert aus einer größeren Studie, die zeigt, dass unverarbeitete Wut und Feindseligkeit schädliche Auswirkungen auf die Gesundheit haben können. Die Forschung ergab, dass Herzpatienten, die sich mehr in Vergebung übten, weniger Ärger und Feindseligkeit in sich trugen und dadurch den Krankheitsverlauf verbesserten. Diese Patienten berichteten auch von einer allgemein verbesserten Lebensqualität.

QUELLE: Hier sind zwei Artikel zum Thema Vergebung von Dr. Fred Luskin:
http://www.coopcomm.org/essay_luskin.htm

?

In welcher Weise würde sich Ihr Leben verändern, wenn Sie denen vergeben könnten, die Ihnen Schmerz zugefügt haben?
Was müssten Sie verlieren, um vergeben zu können?
Was müssten Sie gewinnen, um vergeben zu können?
Was hilft Ihnen dabei, zu vergeben?

ÜBUNG

Meditationen zum Thema Liebe/Güte

Die Übungen zum Thema Liebe/Güte sind besondere *Meditationsübungen*, die dazu dienen, eine besondere Form von Güte zu erreichen. Sie ist die Grundlage für ein Vergeben. Die folgenden Anleitungen wurden aus dem Buch *Frag den Buddha und geh den Weg des Herzens* von Jack Kornfield entnommen:

Setzen Sie sich bequem hin. Entspannen Sie sich. Lassen Sie Ihre Gedanken, so gut es geht, zur Ruhe kommen. Sagen Sie sich im Stillen: Möge ich von Liebe und Güte erfüllt sein. Möge es mir gut gehen. Möge ich friedlich und gelassen sein. Möge ich glücklich sein.

Wenn Sie damit fertig sind, können Sie in Ihren Meditationsradius weitere Personen einschließen. Stellen Sie sich andere Personen vor und richten Sie diese Sätze an sie: Mögest du von Liebe und Güte erfüllt sein etc. Stellen Sie sich dabei zunächst einen besonders großzügigen Menschen vor und schließen Sie dann nach und nach Familie, Freunde und Menschen mit ein, zu denen Sie ein neutrales Verhältnis haben. Wenn Sie ein Gefühl von Liebe und Güte in sich gefestigt haben, können Sie damit beginnen, Ihren Fokus auf schwierigere Personen zu richten, denen Sie bisher nicht verziehen haben.

Wenn Sie diese Übungen 15- bis 20-mal am Tag praktizieren, werden die Gefühle von Liebe und Güte leichter zu diesen Menschen übergehen. *(http://dharma.ncf.ca/introductions/metta.html)*

Dankbarkeit

In den vergangenen Jahren haben Wissenschaftler damit begonnen, die Zusammenhänge zwischen Religion und guter Gesundheit im Hinblick auf körperliche und seelische Aspekte zu untersuchen. Zwei Psychologen, Michael McColough von der *Southern Methodist University* in Dallas und Robert Emmons von der *University of California* haben versucht, das Rätsel zu lösen, ob Glaube zu einem Glücksgefühl beitragen kann. Ihre anfänglichen Studien zeigten, dass Dankbarkeit eine entscheidende Rolle für das Wohlbefinden eines Menschen spielt.

QUELLE: Mehr Informationen zu Theorie und Praxis des Themas Dankbarkeit finden Sie auf:
http://www.acfnewsource.org/religion/gratitude_theory.html und
http://www.gratefulness.com

ÜBUNG

Legen Sie ein Tagebuch der Dankbarkeit an. Jeden Abend vor dem Schlafengehen notieren Sie eine Liste der Dinge, für die Sie dankbar sind.

Genießen Sie diese Dinge noch einmal, während Sie sie notieren. Sehen Sie sich während des Tages nach Dingen um, für die Sie dankbar sind. Teilen Sie diese entweder jemandem mit oder schreiben Sie diese auf.

Üben, üben, üben ...

Viele Erfahrungen verursachen eine sofortige Änderung in unserem Bewusstseinszustand und in unserer Biochemie. Viele haben eine Schwäche für Instant-Lösungen: Crash-Diäten, 10 leichte Schritte bis zur Fitness, Gesundheit oder der Erleuchtung usw. Oder lieben den Rausch – von extremen Sportarten über Psychopharmaka zu spirituellen Höhenflügen. Aber diese abgehobenen Zustände verändern nicht notwendigerweise unser Bewusstsein. Wenn wir von diesen Höhenflügen herabsegeln, bleiben wir in dem gleichen Bewusstseinszustand zurück, den wir vorher hatten.

Schlimmer noch: Unsere Suche nach Abkürzungen und unser rastloses Streben nach besonders aufregenden Momenten können nicht nur zu Selbstzerstörung und Abhängigkeit, sondern auch zu einer Desillusionierung über die positive Kraft des menschlichen Wandels führen. Für die meisten von uns ist es schwierig einzusehen, dass ein grundlegender Wandel oft ein grundlegendes, langwieriges und diszipliniertes Üben voraussetzt. Die gute Neuigkeit ist, dass diese Übungen dann zu Resultaten führen können, die den Begriff „magisch" verdienen.

Forschungsergebnisse aus dem Bereich der Psycho-Neuroimmunologie können einen gewissen Anteil der Auswirkungen von Gedanken und emotionalen Verhaltensmustern auf das physiologische System unseres Körpers zeigen. Es wird deutlich, dass unsere physische und emotionale Heilung stark miteinander verbunden sind. Obwohl wir unseren Körper durch die Veränderung unserer Gedanken wandeln können, ist das nicht immer ein einfacher Prozess. Neue Muster zu etablieren bedeutet den Abbau alter Strukturen und die Errichtung neuer Grundformen. Das kann sehr schmerzhaft sein, kann aber auch mit Leichtigkeit und der Erkenntnis verbunden sein, an einem unmittelbaren, wunderbaren Prozess teilzuhaben. Wie auch immer unser Prozess aussehen mag: zum Schluss werden wir gänzlich in der Lage sein, unsere Vergangenheit zu heilen, unser neuronales Netzwerk zu ändern, uns von emotionalen Abhängigkeiten zu lösen und ein gesundes, glückliches Leben zu führen. Mehr als zu irgendeinem anderen Zeitpunkt unserer Geschichte haben wir eine enorme Fülle von Ressourcen zur Verfügung, die uns dabei unterstützen können.

Was ermöglicht eine Heilung?
Was sagt Ihnen Ihre eigene Intuition über die Heilung von Vergangenheit?
Was sticht in diesem Kapitel besonders hervor?
Wie kann das, was Sie gelernt haben, einen Unterschied in Ihrem Leben bewirken?

Gruppenaktivitäten

Das Spiel mit den Peptiden

Heilung muss nicht voller Düsternis und Schwere verlaufen. Wir können durch einen spielerischen Umgang mit unseren Problemen ein Gefühl der Freiheit bekommen. Die kleinen Trickfilmmoleküle, die ausgelassen ihr Unwesen während der Hochzeitsszene des Films trieben, waren übertrieben dargestellte Versionen tatsächlich existierender Muster. Hat eines von ihnen dabei vertraut für Sie ausgesehen? Hier gibt es die Gelegenheit, eine kleine Szene mit Ihren eigenen tyrannischen Molekülen zu spielen. Benötigte Zeit: ca. 10 bis 15 Minuten:

1. Finden Sie chemische Teilpersönlichkeiten, die Ihre Zellen bombardiert haben. Vielleicht haben Sie einen Hang dazu, rechthaberisch oder ängstlich zu sein. Oder Sie nehmen öfter die Rolle des Opfers ein.

2. Stehen Sie auf und versuchen Sie herauszufinden, wie diese Teilpersönlichkeit geht und spricht. Übertreiben Sie den Charakter. Geben Sie ihm einen Namen, einen Akzent oder Dialekt und eine bestimmte Grundeinstellung.

3. Jeder in der Gruppe stellt sich gegenseitig mit diesem Charakter vor. Sehen Sie sich an, welche Szenen dabei entstehen. Verwickeln Sie andere in einen Dialog und lassen Sie dabei die Moleküle für Sie sprechen. Stellen Sie sich z.B. vor, Sie seien auf einer Party und sprechen und verhalten sich in der Rolle der Moleküle.

4. Legen Sie Ihre Teilpersönlichkeit ab und teilen Sie den anderen die Eindrücke mit, die während des Ausagierens dieser emotionalen Verhaltensmuster entstanden sind.

Befragungs-Übung

Setzen Sie sich zu zweit zusammen. Wechseln Sie sich beim Sprechen und Zuhören ab. Stellen Sie immer nur eine Frage und wiederholen Sie diese mehrmals. Nehmen Sie sich für jede Frage zwei bis drei Minuten Zeit. Verwenden Sie ein akustisches Signal, um die Zeit für den Wechsel der Rollen festzulegen und geben Sie eine Minute vorher einen Hinweis auf den bevorstehenden Wechsel.

- Nach welchen Emotionen sind Sie eventuell süchtig?
- In welche Art von Situationen manövrieren diese Emotionen Sie ständig hinein?
- Wie würde Ihr Leben ohne dieses Suchtverhalten aussehen?
- Was planen Sie, dagegen zu unternehmen?

Individuelle Aktivitäten

Notwendige Schritte bei einer leichten Form der Abhängigkeit

In zahlreichen Traditionen auf der ganzen Welt werden die Bilanzierung des eigenen Lebens, der Austausch mit anderen darüber und die notwendigen Anpassungen des Fehlverhaltens als Grundvoraussetzung für eine Wandlung gesehen.

Die zwölf Schritte der Anonymen Alkoholiker (AA) enthalten präzise Anweisungen dafür, wie man dies erreichen kann. Hier finden Sie einige Auszüge aus dem Programm der AA, die Ihnen dabei helfen können, sich von überkommenen Verhaltensmustern und Denkweisen zu trennen:

1. Notieren Sie alle Arten von Denken und Verhalten, mit denen Sie sich oder andere in der Vergangenheit geschädigt haben könnten.
2. Lesen Sie ihre Notizen jemandem vor, dem Sie vertrauen, der diese Informationen für sich behalten kann und der gleichzeitig objektiv ist.
3. Machen Sie eine Liste derjenigen Menschen, die Sie möglicherweise verletzt haben und setzen Sie sich das Ziel, den Schaden wieder gutzumachen.
4. Finden Sie einen direkten Weg, den Schaden bei den betreffenden Personen zu beheben, wo immer es möglich ist - vorausgesetzt, diese Maßnahme verletzt die betreffenden Personen oder andere Menschen nicht noch zusätzlich.

Das Prinzip der Kameradschaft

Es kann sehr leicht passieren, sich während eines Heilungsprozesses isoliert zu fühlen. Zusätzlich zu der professionellen Hilfe, die Sie eventuell in Anspruch nehmen, hilft es, sich mit Menschen zu treffen, die ähnliche Erfahrungen machen und mit denen Sie die Belastungen und Schwierigkeiten Ihrer Reise teilen können. Ihren Heilungsprozess mit jemandem teilen zu können, ist an sich schon heilsam. Finden Sie einen unterstützenden Freund oder eine Gruppe, mit der Sie sich regelmäßig treffen können, um sich über den Heilungsprozess und die entstehenden Veränderungen auszutauschen und sich gegenseitig zu helfen. Es gibt eine große Anzahl von Möglichkeiten, die Ihnen Unterstützung geben können.

Zitate

„Von allen Lebewesen auf dieser Welt kann nur der Mensch sein Verhalten beeinflussen. Nur der Mensch ist der Architekt seines Schicksals ... Menschen können durch die Änderung ihrer inneren Einstellung auch die äußeren Aspekte ihres Lebens gestalten." William James

„Uns macht aus, was wir beständig tun. Vortrefflichkeit ist keine Handlung, sondern eine Angewohnheit." Aristoteles

„Diejenigen, die keine Macht über die Geschichte besitzen, die ihr Leben dominiert, die nicht die Kraft haben, sie neu zu erzählen, zu überdenken, zu demontieren ... und so zu verändern, wie sich auch die Zeiten ändern, sind in der Tat machtlos, weil sie nicht in der Lage sind, neue Gedanken zu hegen." Salman Rushdie

Bleep und kein Ende

Der Prozess geht weiter

Im deutschsprachigen Raum haben mehr als 250.000 Besucher den Film *What the Bleep Do We (K)now!?* im Kino gesehen und er befindet sich unter den „Top 25" der besten Dokumentarfilme. Eine der bewegenden Botschaften dieses Films lautet „Du bist nicht allein", und kaum einen Kinobesucher hat diese Botschaft kalt gelassen. Kaum ein anderer Film hat ein so gemischtes Publikum erreicht wie *Bleep* und hat einen Prozess des spirituellen Dialogs in Gang gesetzt, der eine neue Qualität darstellt.

Sei es im Online-Forum auf *www.bleep.de/forum* oder in den zahlreichen, u.a. von Buchhandlungen initiierten Gesprächskreisen, Menschen kommen zusammen und sprechen mit offenem Geist und Herzen über Spiritualität. Sie *teilen* ihre Erfahrungen und Überzeugungen miteinander, in der Überzeugung, dass es keinen Ansatz gibt, der allein gültig ist. Der Dialogprozess hat begonnen und sein Ende ist völlig offen. Steigen Sie ein und erleben Sie, was es heißt: „Du bist nicht allein" in diesem Mysterium.

Zusätzliche Quellen

Literatur

Bass, Ellen und Davis, Laura: *The Courage to Heal - Third Edition - Revised and Expanded: A Guide for Women Survivors of Child Sexual Abuse.* Perennial Publishers, 1994
(Dt. Ausgabe: *Trotz allem: Wege zur Selbstheilung für Frauen, die sexuelle Gewalt erfahren haben.* Berlin: Orlanda, 2006).

Brantley, Jeffrey und Kabat-Zinn, Jon: *Calming Your Anxious Mind: How Mindfulness and Compassion Can Free You from Anxiety, Fear, and Panic.* New Harbinger Publications, 2003.

Chodron, Pema: *Pure Meditation: The Tibetan Buddhist Practice of Inner Peace.* Sounds True, ungekürzte Ausgabe, 2000 (Audio Cassette).

Chopra, Deepak: *The Book of Secrets: Unlocking the Hidden Dimensions of Your Life.* Harmony, 2004
(Dt. Ausgabe: *Das Buch der Geheimnisse.* RM-Buch-und-Medien-Vertrieb u. a., 2006).

Cozolino, Louis: *The Neuroscience of Psychotherapy: Building and Rebuilding the Human Brain.* W. W. Norton & Company, 2002.

Damasio, Antonio R: *The Feeling of What Happens: Body and Emotion in the Making of Consciousness.* Harcourt Inc., 1999
(Dt. Ausgabe: *Ich fühle, also bin ich: die Entschlüsselung des Bewusstseins.* München: Ullstein, 2002).

Gray, John: *What You Feel You Can Heal.* Heart Publishing, 1984
(Dt. Ausgabe: *Mars & Venus im siebten Himmel: Beziehungsschule für Männer und Frauen.* München: Goldmann, 2003).

Herman, Judith Lewis: *Trauma and Recovery.* Basic Books, 1992
(Dt. Ausgabe: *Die Narben der Gewalt: traumatische Erfahrungen verstehen und überwinden.* Paderborn: Junfermann, 2003).

Jampolsky, Gerald G. und Walsch, Neal Donald: *Forgiveness: The Greatest Healer of All.* Beyond Words Inc., 1999
(Dt. Ausgabe: *Verzeihen ist die größte Heilung.* München: Heyne, 2005).

Kabat-Zinn, Jon: *Full Catastrophe Living: Using the Wisdom of Your Body and Mind to Face Stress, Pain, and Illness.* Bantam Doubleday Dell Publishing Group, Inc. 1990
(Dt. Ausgabe: *Gesund durch Meditation: das große Buch der Selbstheilung.* Sonderausgabe. München: Barth, 1994).

Kornfield, Jack: *A path with heart.* Bantam Books, 1993
(Dt. Ausgabe: *Frag den Buddha und geh den Weg des Herzens.* Berlin: Ullstein, 2004).

Ledoux, Joseph: *The Emotional Brain: The Mysterious Underpinnings of Emotional Life.* Touchstone, 1998
(Dt. Ausgabe: *Das Netz der Gefühle: wie Emotionen entstehen.* München: dtb, 2001).

Levine, Peter: *Waking the Tiger: Healing Trauma.* North Atlantic Books, 1997
(Dt. Ausgabe: *Trauma-Heilung: Das Erwachen des Tigers; unsere Fähigkeit, traumatische Erfahrungen zu transformieren.* Essen: Synthesis, 1998).

Lewis, Thomas, Amini, Fari und Lannon, Richard: *A General Theory of Love.* Random House, 2001.

Ornish, Dean: *"Love and Survival: The Scientific Basis for the Healing Power of Intimacy"*, at *http://www.textkit.com/0_0060930209.html*
(Dt. Ausgabe: *Die revolutionäre Therapie: Heilen mit Liebe: schwere Krankheiten ohne Medikamente überwinden.* München: Goldmann, 2001).

Schlitz, Marilyn, Amorok, Tina und Micozzi, Marc S.: *Consciousness and Healing: Integral Approaches to Mind-Body Medicine.* Elsevier Churchill Livingston, 2005.

Siegel, Daniel J.: *The Developing Mind: How Relationships and the Brain Interact to Shape Who We Are.* Guilford Press, 2001
(Dt. Ausgabe: *Wie wir werden die wir sind: neurobiologische Grundlagen subjektiven Erlebens und die Entwicklung des Menschen in Beziehungen.* Paderborn: Junfermann, 2006).

Solomon, Marion und Siegel, Daniel J.: *Healing Trauma: Attachment, Mind, Body, and Brain.* W. W. Norton & Company, 2003.

Steindl-Rast, David: *Gratefulness: The Heart of Prayer.* Paulist Press, 1984
(Dt. Ausgabe: *Fülle und Nichts: von innen her zum Leben erwachen.* Freiburg i. Br./Basel/Wien: Herder, 2005).

Tipping, Colin C.: *Radical Forgiveness: Making Room for the Miracle.* Global Thirteen Publications Co. 2002
(Dt. Ausgabe: *Ich vergebe. Der radikale Abschied vom Opferdasein.* Bielefeld: Kamphausen, 2004).

Tolle, Eckhart: *A New Earth. Awakening to Your Life's Purpose.* Penguin Group (USA) Inc., 2005
(Dt. Ausgabe: *Eine neue Erde: Bewusstseinssprung anstelle von Selbstzerstörung.* München: Goldmann, 2005).

Wright, Judith: *There Must Be More Than This: Finding More Life, Love, and Meaning by Overcoming Your Soft Addictions.* Broadway Books, 2003.

Über das „Institute of Noetic Sciences"

Dieses Handbuch wurde vom Institute of Noetic Sciences (IONS) entwickelt, einer gemeinnützigen Bildungs- und Forschungsorganisation, die sich der Erweiterung des Verständnisses bezüglich unserer menschlichen Fähigkeiten durch die Untersuchung verschiedener Aspekte von Realität widmet. Dazu gehören Verstand, Bewusstsein und Geist. Dies schließt physikalische Phänomene mit ein, geht aber auch weit darüber hinaus. Das Wort „noetic" geht auf das altgriechische Wort *nous* - *„Geist, Bewusstsein"* zurück. Es beschreibt eine Art innere Weisheit, ein intuitives Bewusstsein, welches direkten und sofortigen Zugang zu einem Wissen gibt, das über jenes hinausgeht, welches uns durch unsere normalen Sinne und unsere Verstandeskraft zur Verfügung gestellt wird. Noetic Sciences untersucht das Wesen und die Möglichkeiten des Bewusstseins einschließlich Intuition, Gefühl, Verstand sowie unserer fünf Sinne und erforscht den inneren Kosmos des Geistes - Bewusstsein, Seele, Gemüt - in Bezug auf den äußeren Kosmos einer physischen Welt.

Die Idee, das IONS ins Leben zu rufen, wurde 1971 geboren. Nationen auf der ganzen Welt hatten sich zu dieser Zeit an der aufregenden Jagd nach der Erforschung des Weltraums beteiligt. Die Möglichkeiten eines wissenschaftlichen Verständnisses unserer Welt erschienen für den Marineflieger Edgar Mitchell grenzenlos. Er war ein pragmatischer junger Testpilot, Ingenieur und Wissenschaftler. Mit der Mondmission auf Apollo 14 erfüllte sich ein Traum Mitchells. Besonders der Rückflug zur Erde blieb ihm in eindrucksvoller Erinnerung. In der Enge seiner Raumflugkabine sah er den Planeten Erde frei und losgelöst in der Unendlichkeit des Weltraums schweben. Er versank in einem tiefen Gefühl von universeller Verbundenheit - einer Art Erleuchtung. Mitchell beschreibt es so: „Die Präsenz einer Göttlichkeit war beinahe mit den Händen zu greifen und ich wusste, dass das Leben im Universum kein bloßer Zufall, verursacht durch willkürliche Prozesse, sein konnte ... Dieses Wissen traf mich ganz unmittelbar."

Heute erfüllt ein kleines Team von Noetic Scientists diese Vision durch Forschungen, die Grenzen ausloten, durch transformierende Studienprogramme und durch die Mithilfe von 30.000 Mitgliedern. Das IONS leitet und finanziert bahnbrechende Untersuchungen zu Potenzial und Macht des Bewusstseins die Wahrnehmung, Glauben, Aufmerksamkeit, Absicht und Intuition mit einschließen.

Das Institut untersucht Phänomene, die nicht unbedingt konventionellen wissenschaftlichen Vorstellungen entsprechen und hält dabei gleichzeitig eine strenge wissenschaftliche Arbeitsweise ein. Das IONS engagiert sich mit viel Einsatz für eine Gemeinschaft, die es ihren Mitgliedern und Kollegen ermöglicht, Erfahrungen und Ideen miteinander auszutauschen. Dazu zählen örtliche Kommunikations-Gruppen, Online-Diskussionen und andere Möglichkeiten der Netzwerkbildung. Das Institut ist kein spiritueller Verband, keine politische Aktionsgruppe oder einseitig motivierte Institution. Vielmehr akzeptiert das IONS eine vorurteilsfreie Herangehensweise sowie unterschiedliche Wege der Wissensfindung, lässt Urteilsvermögen in seine Arbeit einfließen und unterstützt unterschiedliche Perspektiven bei sozialen und wissenschaftlichen Belangen.

QUELLE: Generelle Informationen zum IONS finden sie auf
www.noetic.org.
Für Informationen über die IONS Forschung
http://noetic.org/research.cfm.
Informationen zu den Kommunikationsgruppen finden sie auf
http://noetic.org/community.cfm

NOTIZEN

Gary E. R. Schwartz, Linda G. S. Russek:

Alles erinnert

Wie zwei Wissenschaftler ein universelles, lebendiges und interaktives Gedächtnis entdecken

Leseprobe unter: www.vakverlag.de

Alles auf dieser Welt ist von lebendiger Energie durchdrungen. Von der subatomaren bis zur kosmischen Ebene, von den Zellen bis zu den Gedanken - alle dynamischen Systeme haben eine Art Gedächtnis, sie können Informationen speichern. Auch scheinbar tote Dinge zeigen Resonanz und treten in Interaktion. Mit einem unterhaltsamen „Reisebericht" schildern die Autoren, wie sie zu diesen Erkenntnissen gelangten. Ihre Theorie des universellen Gedächtnisses könnte die wissenschaftliche Landschaft umgestalten. Das Buch versöhnt die Denkmodelle von Naturwissenschaft und Spiritualität. Es wendet sich an Wissenschaftler und an interessierte Laien.

367 Seiten, 26 Abbildungen, Hardcover (15 x 21,5 cm),
ISBN 978-3-932098-88-8

David R. Hawkins:

Die Ebenen des Bewusstseins

Von der Kraft, die wir ausstrahlen

Leseprobe unter: www.vakverlag.de

In zwanzigjähriger Forschungsarbeit hat Hawkins eine kinesiologische Muskeltestmethode entwickelt und herausgefunden, dass sich damit die Qualitäten des menschlichen Bewusstseins (wie Scham, Apathie, Angst, Mut, Liebe, Freude) sozusagen „eichen" lassen: zu einer Skala von 1 bis 1000, auf der sich diese Ebenen des Bewusstseins je nach ihrem Anteil an Kraft einordnen lassen. Mit Beispielen aus verschiedenen Lebensbereichen ermuntert der Autor dazu, sich auf die höheren Bewusstseinsebenen auszurichten, dadurch mehr Kraft auszustrahlen und mehr von dem anzuziehen, was stärkt.

333 Seiten, 5 Abbildungen, Paperback (15 x 21,5 cm)
ISBN 978-3-932098-02-4

Hale Dwoskin:

Die Sedona-Methode

Wie Sie sich von emotionalem Ballast befreien und Ihre Wünsche verwirklichen

Leseprobe unter: www.vakverlag.de

Bei der Suche nach Glück und Erfolg stehen wir uns meist selbst im Weg - mit negativen Denk- und Verhaltensmustern. Der Grund: Emotionen verzerren unsere Wahrnehmung. Die Sedona-Methode weist einen Weg aus dem Irrgarten der Gefühle: elegant in ihrer Einfachheit und unbegrenzt in den Anwendungsmöglichkeiten zeigt sie, wie wir Emotionen ganz einfach loslassen können. Wer sich darauf einlässt, fühlt sich befreit, erlebt erfülltere Beziehungen und navigiert mit Klarheit und Gelassenheit durchs Leben. Hunderttausende von Anwendern bezeugen die Wirksamkeit dieser leicht erlernbaren Selbsthilfemethode.

336 Seiten, 22 Abbildungen, Paperback (16,5 x 24 cm)
ISBN 978-3-935767-78-1

Abbonnieren Sie unseren kostenlosen Newsletter: www.vakverlag.de

Stephen Wolinsky:

Die Essenz der Quantenpsychologie

Durchschauen, wer wir* nicht *sind

Leseprobe unter: www.vakverlag.de

Diese Darstellung der wesentlichen Elemente der Quantenpsychologie bietet Einsteigern eine grundlegende Einführung und Kennern eine konzentrierte, zum Teil neu formulierte Zusammenfassung.
„In der Quantenpsychologie geht es darum herauszufinden, wer Sie wirklich sind ... Der Weg dorthin führt über das Auflösen eines innerseelischen Systems, das wir Falscher Kern und Falsches Selbst nennen, und über das Erlernen multidimensionalen Bewusstseins."
(Stephen Wolinsky)
Zahlreiche Übungen laden die Leser ein, sich auf den Weg zu machen.

239 Seiten, Paperback (15 x 21,5 cm)
ISBN 978-3-932098-86-4

Susanne Marx:

Neun Wege zur Freiheit

Persönliche Entwicklung mit Enneagramm und EFT

Leseprobe unter: www.vakverlag.de

Das Enneagramm ist eine sehr alte, in sich geschlossene Typenlehre, die neun grundsätzliche Charakterqualitäten beschreibt, ordnet und zueinander in Beziehung setzt. Dieses jahrtausendealte spirituelle System dient vor allem der eigenen Bewusstwerdung und persönlichen Entwicklung.
Doch der Weg von der Selbsterkenntnis zur Selbstveränderung kann lang und schmerzhaft sein. Hier setzt diese neuartige Synthese an: Mithilfe von EFT, der sanften Klopfakupressur-Technik, können Sie einschränkende Denk- und Reaktionsmuster, wie das Enneagramm sie bewusst macht, schnell und wirksam auflösen.

184 Seiten, 35 Abbildungen, Paperback (17 x 21,5 cm)
ISBN: 978-3-935767-87-3

Fredric Schiffer:

Eine Brille für die Seele

Die neue Dual-Brain Psychology und ihre Anwendung bei Ängsten, Konflikten und Belastungen

Leseprobe unter: www.vakverlag.de

Dies ist die spannende Geschichte einer frappierenden Entdeckung: Es gibt eine Brille für die Seele. Diese Brille kann sich sogar jeder selbst herstellen. Und die Methode funktioniert ganz einfach: Mit der „Seelenbrille" wird ein Teil des Blickfeldes eingeschränkt – so werden gezielt spezifische Gehirnbereiche aktiviert, andere blockiert. Auf diese Weise gewinnen wir Zugang zu verschiedenen Bewusstseinszuständen oder bestimmten Persönlichkeitsanteilen, die die Welt und auch die eigenen Probleme aus einer anderen Perspektive beleuchten. Interessant für Anwender alternativer Heil- und Beratungsmethoden!

288 Seiten, 6 Abbildungen, Hardcover (15 x 21,5 cm)
ISBN 978-3-935767-93-4

Leseproben für alle Titel finden Sie unter: www.vakverlag.de